KARL-HEINZ MEIER-BRAUN
REINHOLD WEBER

EIN KOFFER
VOLL HOFFNUNG

Das Einwanderungsland
Baden-Württemberg

KARL-HEINZ MEIER-BRAUN
REINHOLD WEBER

EIN KOFFER VOLL HOFFNUNG

Das Einwanderungsland Baden-Württemberg

 SILBERBURG

INHALT

NEUE HEIMAT IN BADEN-WÜRTTEMBERG

»Menschenreichtum ist nie eine Last.« Diese Worte stammen von Reinhold Maier, dem ersten Ministerpräsidenten des Landes Baden-Württemberg. Ausgesprochen wurden sie im Jahr 1946, als Deutschland in der Folge eines verbrecherischen Krieges in Trümmern lag und Millionen von Flüchtlingen und Vertriebenen aufnehmen musste. Die Worte sind nicht nur höchst aktuell, sondern sie belegen auch: Migration ist der Normalfall in der Geschichte Deutschlands und vor allem auch Baden-Württembergs.

Wie in einem Brennglas bündeln sich im deutschen Südwesten die unterschiedlichen Zuwanderungsbewegungen der jüngeren Geschichte. Nach den »Heimatvertriebenen«, wie sich die großenteils deutschsprachigen Zwangsauswanderer aus den deutschen Ostgebieten sowie aus Ostmittel-, Ost- und Südeuropa nannten, kamen wenige Jahre später die »Gastarbeiter« genannten Arbeitsmigranten aus den überwiegend südeuropäischen Anwerbestaaten. Baden-Württemberg hatte im Vergleich der deutschen Länder überdurchschnittlich viele Heimatvertriebene aufgenommen; in manchen Landkreisen lag ihr Anteil an der Bevölkerung bei fast dreißig Prozent. Bei den »Gastarbeitern« und ihren Familien waren es besonders viele, weil die boomende südwestdeutsche Nachkriegswirtschaft im so genannten »Wirtschaftswunder« eine enorm hohe Nachfrage nach Arbeitskräften zu verzeichnen hatte. Im Südwesten kamen sogar die allerersten »Gastarbeiter« an. Diese frühen Jahre der Ausländerbeschäftigung werden hier beleuchtet, mit Dokumenten, die teilweise noch nie veröffentlicht wurden und die den schwierigen Beginn der Ausländerbeschäftigung in der Nachkriegszeit plastisch werden lassen.

Innerhalb weniger Jahre hat Baden-Württemberg Millionen von Menschen eine neue Heimat gegeben. Viele der Arbeitsmigranten sind geblieben und haben sich still und leise integriert, gearbeitet, Steuern und Sozialabgaben bezahlt, am wachsenden Wohlstand der jungen Bundesrepublik teilgehabt und ihre Kinder großgezogen. Viele sind auch nach einigen Jahren wieder in ihre alte Heimat zurückgekehrt. In der Geschichtsschreibung und in der kollektiven Erinnerungskultur des Landes spielen sie in aller Regel keine Rolle. Ganz im Gegenteil. Über viele Jahrzehnte hinweg hat Deutschland geleugnet, das zu sein, was es de facto schon längst war: ein Einwanderungsland. Dabei war die Arbeitsmigration nach 1945 keine Neuerung. Die Menschen im Südwesten verfügten bereits über eine reiche kollektive Erfahrung mit historischen Wanderungsbewegungen. Bis zur verspätet einsetzenden Industrialisierung im letzten Drittel des 19. Jahrhunderts war der deutsche Südwesten ein Auswanderungsland gewesen. Millionen von Menschen hatten aus politischen oder religiösen Gründen, vor allem aber aus der schieren wirtschaftlichen Not heraus ihre Heimat verlassen müssen und waren entweder über den »trockenen Weg« gen Osten ausgewandert, oder sie hatten sich für die »nasse Auswanderung« über den Atlantik besonders in die Vereinigten Staaten von Amerika entschieden. Mit der Industrialisierung kehrten viele davon wieder nach Deutschland zurück, aber vor allem kamen nun Arbeitsmigranten aus vielen europäischen Ländern nach Deutschland, um in der boomenden Wirtschaft oder beim infrastrukturellen Ausbau des Landes mitzuhelfen, das auf dem Weg zu einem modernen Industriestaat war.

Aber es hatte zuvor schon die Zuwanderung von unterschiedlichen Bevölkerungsgruppen gegeben, die den Südwesten nachhaltig verändert haben, beispielsweise die aus religiösen Gründen verfolgten »Exulanten«, Hugenotten oder Waldenser. Wer heute im Land seinen Stammbaum erforscht, der sieht in den allermeisten Fällen, dass er selbst familiäre Wurzeln in der vermeintlichen Fremde und damit eine Migrationsgeschichte hat. Selbst der Dichterfürst Goethe hatte mütterlicherseits orientalische Vorfahren, und einer seiner Ahnen, dessen Spuren in Brackenheim nachweisbar sind, war wohl der erste Türke in Deutschland, der als »Beutetürke« während der Kreuzzüge verschleppt und christlich getauft worden war.

In der jüngeren Zeitgeschichte hat sich Baden-Württemberg für Flucht und Asyl immer als wichtiges Aufnahmeland erwiesen. Der

Grundgesetzartikel 16, der lange Jahre nach der Verabschiedung des Grundgesetzes kaum eine Rolle in der öffentlichen Wahrnehmung spielte, rückte Ende der 1970er Jahre in das Bewusstsein der Öffentlichkeit, als erstmals viele Menschen aus der so genannten »Dritten Welt« und aus Staaten mit autoritären Regimen in Deutschland Zuflucht suchten. Zum ersten Mal war nun in der Spirale der politischen und medialen Dramatisierung von einer »Asylantenflut« die Rede. Wie sich die Zeiten doch gleichen, könnte man im Rückblick auf die Jahre seit 2015 sagen! Oder: Wir haben das damals geschafft – und werden es auch dieses Mal wieder schaffen! Immer wieder wird dabei auch deutlich, dass diese Fluchtbewegungen nur im Rahmen der globalen Migrationsprobleme zu verstehen sind.

Erfahrungen hatte die deutsche Gesellschaft schon mit Menschen, die vor Krieg, Zerstörung und Vertreibung im Rahmen der Genfer Flüchtlingskonvention Schutz suchen. Bereits in den 1970er Jahren hatte auch Baden-Württemberg viele der vietnamesischen Bootsflüchtlinge aufgenommen. Zu Beginn der 1990er Jahre folgten die Menschen, die vor den grausamen Kriegen im zerfallenden Vielvölkerstaat Jugoslawien nach Deutschland flohen. Parallel dazu suchten Millionen von deutschstämmigen Spätaussiedlern nach dem Fall des Eisernen Vorhangs eine bessere Zukunft bei uns. Die Zuwanderungszahlen in diesen ersten Jahren der Neunziger waren so hoch wie kaum jemals zuvor – und wie so oft waren es vor allem ehrenamtlich engagierte Menschen, die einen ganz wesentlichen Beitrag bei der Aufnahme und Integration der Zuwanderer geleistet haben.

Zahlreiche weitere Bevölkerungsgruppen finden in diesem Buch Erwähnung, die dazu beigetragen haben, dass Baden-Württemberg heute ein Land ist, das von kultureller Vielfalt geprägt ist – und das massiv davon profitiert. Allein in Stuttgart werden heute über 120 verschiedene Sprachen von Menschen aus rund 180 Nationen gesprochen, die hier friedlich zusammenleben. In den allermeisten Städten des Landes sieht diese Bilanz in Sachen »Multikulti« nicht anders aus. Mit 15,1 Prozent ist der Anteil der ausländischen Bevölkerung in Baden-Württemberg doppelt so hoch wie in der Europäischen Union. Nach Luxemburg und Zypern liegt der Südwesten damit auf Platz drei in der EU. Einen Migrationshintergrund hat fast ein Drittel (31 Prozent) der in Baden-Württemberg lebenden Bevölkerung.

Die so genannte »Flüchtlingskrise« der Jahre seit 2015, die ja keine Krise der flüchtenden Menschen, sondern der europäischen und globalen Migrationspolitik war und ist, hat vieles von dem, was an Positivem zum Thema Integration in Deutschland und Baden-Württemberg zu vermelden ist, in den Hintergrund gedrängt. In den medialen Schatten der Aufmerksamkeit sind aber auch offene Fragen gerückt und Probleme, die das Land in Sachen Integration zukünftig noch zu lösen hat, nicht zuletzt im Bereich der Menschen aus Zuwandererfamilien, die nun bereits in der vierten oder gar fünften Generation hier leben. Damit verbunden sind Fragen zu einem aktuell aufkeimenden Alltagsrassismus oder die selbstkritische Frage an unsere deutsche Gesellschaft, wie wir in der Zukunft ein »neues Wir« in einem Land gestalten wollen, in dem ein wachsender Teil der Bevölkerung seine familiären Wurzeln im Ausland hat. Nicht zuletzt geht es aber auch um die Zukunftsfähigkeit Deutschlands im Zeichen von demografischem Wandel, Fachkräftemangel und anderen Herausforderungen. Diesen zentralen Fragen für das Zusammenleben und den Wohlstand in Deutschland und Baden-Württemberg geht dieses Buch in seinem letzten Teil nach. Insgesamt versteht es sich auch als ein Beitrag zur Erinnerungskultur in unserer Einwanderungsgesellschaft. Gleichzeitig füllt es eine Lücke in der landesgeschichtlichen Literatur. Es beginnt jedoch – nicht zuletzt aus aktuellem Anlass – mit dem Themenkreis Flucht und Asyl.

FLUCHT, VERTREIBUNG UND ASYL

Beschleunigung der Asylverfahren, Sofortprogramme im Eilverfahren, Bekämpfung der Schlepperbanden, Abschreckungsmaßnahmen – diese Begriffe geistern durch Politik und Medien. Der baden-württembergische Innenminister fordert »wirksame Maßnahmen zur Eindämmung des Zustroms unechter Asylbewerber«. Bayerns Ministerpräsident wirft der Bundesregierung vor, sie weigere sich, durch eine Änderung des Ausländerrechts den Bundesländern die Möglichkeit zu eröffnen, »mit dem Heer der Scheinasylanten fertigzuwerden«. Der Ministerpräsident spricht von »kommerzialisierten Reisegruppen«, die »mit Jumbos und Omnibussen« aus Pakistan und anderen Ländern unter Missbrauch des Asylrechts über die Grenze kämen. Und weiter wörtlich:

> »Wir können in Bayern nicht sagen: ›Kommt alle zu uns, die ihr mühselig und beladen seid, aus allen Ländern der Erde.‹ Dann würde man hier bald die Einwohnerzahl von China haben.«

Die Stuttgarter Ausländerbehörde muss für eine Woche schließen, um dem Andrang der Asylsuchenden nachkommen zu können. Die CDU/CSU-Bundestagsfraktion legt den »Entwurf eines Zweiten Gesetzes zur Beschleunigung des Asylverfahrens« vor. Städte und Gemeinden beklagen sich. Der Stuttgarter Oberbürgermeister schlägt Alarm: Das Hauptproblem bestehe darin, dass keine Unterkünfte zur Verfügung stünden. Gemeinden müssen Notlager einrichten. Der Oberbürgermeister von Leinfelden-Echterdingen setzt der Landesregierung die Pistole auf die Brust: Bis 14 Uhr, so sein Ultimatum, solle sie Unterkünfte für Flüchtlinge bereitstellen, sonst werde die Stadt die Regierung über das Verwaltungsgericht zwingen, ihrer »gesetzlichen Verpflichtung« nachzukommen und Asylsuchende in Gemeinden des Landes unterzubringen. Auf diesen massiven Protest hin richtet die Landesregierung schnell Unterkünfte ein. Am selben Tag kritisiert der Landesinnenminister in scharfem Ton den Bundesgrenzschutz und den Bundesinnenminister. Er wirft ihnen vor, Flüchtlinge mit »zum Teil gefälschten Pässen ohne weitere Nachprüfung einreisen« zu lassen, was das Bundesinnenministerium natürlich zurückweist.

Diese Aussagen und Momentaufnahmen stammen nicht etwa aus den Jahren 2015 oder 2016, als die Fluchtbewegungen nach Deutschland und Baden-Württemberg auf dem Höhepunkt waren, sondern aus der Zeit vor rund vierzig Jahren, als 1979/80 die Zahl der Asylbewerber einen ersten historischen Höchststand erreichte. Waren die Flüchtlinge zuvor vor allem aus dem Ostblock gekommen und meist mit offenen Armen aufgenommen worden, kamen sie nun aus der so genannten »Dritten Welt«. Zum ersten Mal erlebte die Bundesrepublik eine massive Debatte über »Asylmissbrauch« und »Scheinasylanten«.

Wie kaum ein anderes Thema in der jüngeren Vergangenheit haben die Fluchtbewegungen erneut in den Jahren 2015/16 die bundesdeutsche und europäische Politik und Bevölkerung bewegt. Der berühmt gewordene Satz von Kanzlerin Angela Merkel (CDU) – »Wir schaffen das!« – hat auf geradezu pathologische Art und Weise zu Diskussionen und Zuspitzungen geführt, die in ihrer Vehemenz nicht zuletzt auch die politische Kultur Deutschlands beeinflusst haben.

Einerseits also die negativen Seiten der fluchtbedingten Zuwanderung: Regierungskrisen, das Erstarken rechtspopulistischer und rechtsextremer Gruppierungen, Fremdenfeindlichkeit mit einem damit verbundenen drastischen Anstieg von rassistischen Straf- und Gewalttaten, ein Erstarken des Antisemitismus, ein Europa, das sich gegenüber den globalen Wanderungsbewegungen noch stärker abschottet und gleichzeitig in sich gespalten ist, nicht zuletzt Tausende von Hilfesuchenden, die in den letzten Jahren ertrunken sind und das Mittelmeer zu einem Massengrab werden ließen.

Andererseits: Hätte die Kanzlerin in diesem September 2015 angesichts der großen Zahl der Schutzsuchenden, die zwar nicht unvorhersehbar war, aber doch unvermittelt kam, sagen sollen, dass »wir« das nicht schaffen? Hätte sie die Grenzen tatsächlich schließen sollen

Eines der vielen völlig überfüllten Boote, mit denen Migranten versuchen,
über das Mittelmeer nach Europa zu flüchten, aufgenommen im Juni 2017.

mit allen Konsequenzen einer eventuell gewaltsamen Abwehr der Schutzsuchenden oder einer humanitären Katastrophe in Ungarn beziehungsweise auf dem Balkan? Nicht zuletzt ging es in dieser besonderen Situation ja auch darum, Hunderttausende ehrenamtliche Helfer und Mitarbeiter der öffentlichen Verwaltungen zu motivieren sowie die deutsche Bevölkerung auf die anstehenden Herausforderungen vorzubereiten.

Sicherlich, es sind Fehler gemacht worden. So hatten Experten schon Jahre zuvor darauf hingewiesen, dass das Nürnberger Bundesamt für Migration und Flüchtlinge (BAMF), wo die Schutzsuchenden registriert werden und ihr Verfahren bearbeitet wird, personell massiv unterbesetzt sei. Hier wurde sicherlich viel zu spät reagiert. Auch hat es die Politik versäumt, die Bevölkerung über die globalen Wanderungsbewegungen aufzuklären und darauf einzustimmen, dass wir immer mit Flüchtlingen rechnen müssen, solange es Krieg, Bürgerkriege oder massive Menschenrechtsverletzungen in vielen Ländern der Welt geben wird. Aber anders als immer wieder zu hören war, war dieser Staat niemals in einer Krise. Er hat immer funktioniert, wenn auch mit Verzögerung angesichts der Größe der Herausforderung. Auch das Gerede von einer »neuen Völkerwanderung« ist historisch genauso wenig haltbar wie die Rede von einer »Flüchtlingskrise«, einer Bedrohung der Außengrenzen oder gar der nationalen Souveränität Deutschlands. Was Deutschland erlebt hat, ist keine »Flüchtlingskrise«, sondern eine Krise der Flüchtlingspolitik – vor allem auf europäischer Ebene. Erwähnt sei hier nur die hartleibige Weigerung der östlichen EU-Länder, überhaupt Flüchtende aufzunehmen. Oder denken wir an Großbritannien, das nur wenige Tausend syrische Flüchtlinge aufgenommen hat. Europäische Solidarität geht anders!

Auch wenn die Folgen der Jahre 2015/16 noch lange nicht bewältigt sind, so bleibt doch im Rückblick festzuhalten, dass in Deutschland seit 2015 Großartiges geleistet wurde. Viel spricht dafür, dass Zeithistoriker schon in wenigen Jahren Kanzlerin Angela Merkel und den Deutschen eine große Geste der Humanität bescheinigen werden. Und immer wieder gilt es, sich vor Augen zu halten, dass seit 2015 rund 55 Prozent der Bevölkerung ab 16 Jahren Flüchtlinge in Deutschland unterstützt haben, so eine Studie des Instituts für Demoskopie Allensbach. Im Jahr 2018 waren es demnach noch rund elf Prozent der Bevölkerung, die in Form von Sprachunterricht, Begleitung bei Arztbesuchen oder mit Patenschaften aktive Flüchtlingshilfe leisteten. Viele der Ehrenamtlichen haben sich dabei bis zur körperlichen Erschöpfung engagiert, und etwa ein Drittel der Deutschen hat mit Sachspenden einen immensen Beitrag zu einer aktiven Willkommenskultur geleistet. Sozialwissenschaftler sprechen angesichts dieser bemerkenswerten Zahlen von der größten sozialen Bewegung der Bundesrepublik. Nicht in Vergessenheit geraten sollte aber auch, dass ab 2015 die Asylpolitik weiter verschärft und Grenzkontrollen eingeführt wurden. Insgesamt hat sich Europa nach der »Flüchtlingskrise« erfolgreich abgeschottet.

Weitere politische Aspekte kommen hinzu: Die angebliche »Flüchtlingskrise« hat die Diskussion über Migration und Integration ganz oben auf die Agenda der Politik katapultiert. Wenn diese Auseinandersetzung fair und konstruktiv geführt wird, kann sie Deutschland in der lange Zeit mit politischen Scheuklappen geführten Debatte über seinen Charakter als Einwanderungsland durchaus voranbringen. Durch die Flüchtlingsdiskussion wurde einige Jahre lang das Fachkräftezuwanderungsgesetz eher verhindert, auch wenn es nur am Rande die Belange der Schutzsuchenden betrifft. Ähnlich wie die Integrationsdebatte ist auch die Auseinandersetzung mit dem Rechtspopulismus im Kern nichts anderes als eine Selbstvergewisserung der Deutschen über ihre eigene Identität. Sie ist mit den Fragen verbunden, wie offen unsere Gesellschaft sein soll und ob wir unsere Rechte und Grundwerte aktiv schützen und verteidigen wollen. Das gilt ebenfalls für die Europäische Union. Der Brexit und die Tatsache, dass einige europäische Staaten in teils unmittelbarer Nachbarschaft zu Deutschland inzwischen von Rechtspopulisten regiert werden, zwingen uns dazu, neu darüber nachzudenken, welche Europäische Union wir eigentlich wollen.

Vielleicht sind all diese Krisen also Warn- und Weckrufe, ein heilsamer Schock gewissermaßen, den die liberalen und offenen Gesellschaften Europas bewältigen müssen, um letztendlich gestärkt daraus hervorzugehen. Manche Umfrageergebnisse deuten darauf hin, etwa wenn vor allem jungen Menschen bescheinigt wird, dass das Zusammenleben mit Menschen aller Nationen für sie längst schon zur Normalität geworden ist, oder wenn Umfragen belegen, dass die Zustimmung zur Europäischen Union in Deutschland derzeit so hoch ist wie seit Jahrzehnten nicht mehr.

Dabei muss immer wieder bewusst gemacht werden, dass das, was wir als »Flüchtlingskrise« wahrnehmen, gar nicht in Europa stattfindet. Weltweit sind immer mehr Menschen auf der Flucht, derzeit fast 71 Millionen. Statistisch gesehen wird alle zwei Sekunden irgendwo auf der Welt ein Mensch zur Flucht gezwungen – aus ganz unterschiedlichen politischen, ökonomischen oder umweltbedingten Gründen, an denen wir alle nicht gänzlich unschuldig sind. Etwa zwanzig Millionen davon haben ihr Land verlassen, die meisten aber bleiben in der Region ihrer Heimat, in der Hoffnung, möglichst bald wieder zurückkehren zu können. Nur der kleinste Teil macht sich (erfolgreich) auf den Weg nach Europa. Die vielbeschworene

»Flüchtlingskrise« findet also nicht in Europa, in Deutschland, Österreich oder Italien statt, sondern vielmehr in Entwicklungsländern wie dem Libanon, Pakistan, Bangladesch, Jordanien oder Uganda – oder aber in der Türkei, mit der sich die Bundesrepublik auf einen fragwürdigen Flüchtlingsdeal eingelassen hat. Diese Tatsachen verdeutlichen, dass es sich um ein globales Problem ersten Ranges handelt, das uns in den nächsten Jahrzehnten massiv beschäftigen wird und auf das wir reagieren müssen – nicht zuletzt mit einer angemessenen Entwicklungspolitik, die in eine gemeinsame europäische Migrationspolitik eingebettet ist und Fluchtursachen auch tatsächlich beseitigt.

Flüchtlinge sind Boten des Unglücks. So hat es Bertolt Brecht in seinem Gedicht »Landschaft des Exils« beschrieben, als er selbst »auf dem letzten Boot« in den 1930er Jahren aus Nazi-Deutschland fliehen musste. In ihrer großen Zahl führen die Flüchtenden den Alteingesessenen tagtäglich und drastisch das Elend und die Krisen dieser Welt vor Augen. Oftmals kommen die Schutzsuchenden an und haben alles verloren, was ihnen lieb und teuer war: Familie, Freunde, Heimat und Besitz. Auf Grund ihres massenhaften Schicksals wird bei uns Migration oft mit Bildern des Katastrophalen verbunden. Dabei geht es um die mediale Deutungshoheit und darum, Dammbruch und damit Kontrollverlust zu suggerieren. In Wahrheit aber geht es um Menschen und ihre Würde, die wie unsere eigene unantastbar ist. Auch der sprachliche Umgang mit Migration ist wichtig, denn solche Metaphern der Flut und der Wellen zielen auf die Entmenschlichung des Individuums, das in einer vermeintlich bedrohlichen Masse nicht mehr wahrgenommen werden soll – und diese Masse erscheint dann als Naturkatastrophe. Dabei wissen wir nicht zuletzt aus der Geschichte, dass es immer wieder existenzielle Not ist, aus der heraus Menschen ihre Heimat und ihr vertrautes Umfeld verlassen – und dass nur ein Teil der Wanderungsbewegungen staatlich geordnet und sicher verläuft. Wenn Menschen in Not sind, suchen sie sich einen Weg, auch jenseits staatlicher Migrationsregelungen. Es lohnt sich dabei, exemplarisch für Deutschland auf den Südwesten zu blicken, Schlaglichter auf die jüngsten Entwicklungen und auf die vielfältige Geschichte von Flucht und Asyl zu werfen. Dabei zeigt sich, dass Migration nicht die Ausnahmesituation, sondern der Normalfall ist.

Ministerpräsident Winfried Kretschmann (Grüne) und Integrationsministerin Bilkay Öney (SPD) besuchen im Juli 2015 die Flüchtlingsnotunterkunft Patrick-Henry-Village in Heidelberg.

Aktuelle Erfahrungen mit Flucht

Über die gesamten 2000er Jahre hinweg lagen die Zahlen der Asylbewerber in Baden-Württemberg bei maximal rund 5000 pro Jahr, meist sogar deutlich darunter. Vor allem durch den Krieg in Syrien stieg die Zahl der Asylsuchenden bereits seit 2013 deutlich an und erreichte schließlich 2015 einen Rekordwert, als Baden-Württemberg rund 185 000 Menschen aufnahm, von denen knapp 98 000 einen Antrag auf Asyl stellten. Bereits im Folgejahr 2016 ging die Zahl auf 56 000 aufgenommene Flüchtlinge zurück (ca. 33 000 Asylanträge), 2017 waren es noch 16 000 Asylbewerber. Thomas Strobl (CDU), stellvertretender Ministerpräsident und Innenminister, konnte im Januar 2019 schließlich mitteilen, dass die Zahl der Flüchtlinge mit rund 11 000 im Jahr 2018 im dritten Jahr in Folge nach unten gegangen war. Kamen 2015 noch über 500 Schutzsuchende pro Tag im Land an, waren es 2017 nur noch 44.

Die erste Anlaufstelle für Flüchtende, die in Baden-Württemberg ankommen, ist das Ankunftszentrum in Heidelberg, zu dem die Erstaufnahmeeinrichtung in der ehemaligen US-Wohnsiedlung Patrick-Henry-Village im Herbst 2015 umgebaut wurde. Hier werden Asylsuchende registriert, medizinisch untersucht und können einen Asylantrag stellen. Heidelberg wurde so zum Drehkreuz für Geflüchtete im Südwesten, die von hier auf die Landeserstaufnahmeeinrichtungen (LEA, Mitte 2019 in Karlsruhe, Ellwangen, Sigmaringen und Freiburg) oder im Rahmen der so genannten Anschlussunterbringung auf die Kommunen und Landkreise verteilt werden. Menschen aus einem so genannten sicheren Herkunftsland werden von hier aus abgeschoben.

Für das Land, besonders aber für die Kommunen war und ist die Aufnahme und Integration der Geflüchteten eine große Herausforderung. Dabei bewerten südwestdeutsche Kommunalpolitiker das brisante Thema recht unterschiedlich. Dem grünen Tübinger Oberbürgermeister Boris Palmer, der immer wieder darauf hinweist, dass man »nicht alle aufnehmen« könne, widerspricht der 2018 aus dem Amt geschiedene Oberbürgermeister von Villingen-Schwenningen, Rupert Kubon (SPD), vehement. Er wendet sich dagegen, das »Flüchtlingsthema« zu dramatisieren:

»Wir haben im Verhältnis zu unserer Größe gerade mal ein paar Menschen aufgenommen. Wenn Sie das mit der Situation in Jordanien, im Libanon, in der Türkei vergleichen, ist das bei dem Potenzial, das wir hier haben, nicht viel. Ich muss das so hart sagen: Jede Behauptung, wir hätten eine Flüchtlingskrise, ist eine Lüge.«

Kubon plädiert dafür, Migration zu einem »normalen Thema« zu machen. Mit diesen Aussagen sah er sich jedoch auch in seiner Stadt fremdenfeindlichen Demonstrationen ausgesetzt. Doch selbst die Ermordung einer Studentin in Freiburg durch einen Flüchtling hat zwar das Land erschüttert, aber keine generelle Fremdenfeindlichkeit aufkommen lassen. Nach einer bundesweiten Untersuchung der

Universität Bielefeld von Anfang 2019 sind die Einstellungen in der Bevölkerung in den letzten zwei Jahren nicht stärker ablehnend geworden, sondern haben sich sogar verbessert. So findet die gesellschaftliche Willkommenskultur sogar wieder mehr Zuspruch. Besonders auch durch die Hilfsbereitschaft der Zivilgesellschaft wurde die Herausforderung im Großen und Ganzen bewältigt. Hier konnte man auf das Engagement vieler Helferinnen und Helfer bauen, die schon seit der »Gastarbeiterzeit« ehrenamtlich tätig waren. Auch die Volkshochschulen waren von Anfang an Pioniere, etwa beim Deutschlernen für Einwanderer. Kirchen, Wohlfahrtsverbände wie die Arbeiterwohlfahrt sowie viele Ehrenamtliche haben sich um die Flüchtlinge gekümmert und tun dies immer noch, auch wenn sie längst schon bis an den Rand ihrer Leistungsfähigkeit gegangen sind und sich bisweilen mehr Unterstützung von der Politik wünschen.

Am 16. Januar 2019 veröffentlichte die Organisation für wirtschaftliche Zusammenarbeit und Entwicklung (OECD) eine Studie zur wirtschaftlichen und sozialen Integration von Zuwanderern in der Europäischen Union. Bei der Auswertung für Deutschland sieht die OECD deutliche Fortschritte bei der Integration von Zuwanderern, die Herausforderungen bleiben aber bestehen. Nach der Studie sind heute in Deutschland mehr Menschen der Meinung, dass das Land von Migration profitiert, als noch zu Beginn des Jahrhunderts. Eine Untersuchung der Friedrich-Ebert-Stiftung vom März 2019 widerspricht der weit verbreiteten Meinung, wonach die Gesellschaft in zwei unversöhnliche Gruppen von vehementen Befürwortern und Gegnern der Einwanderung gespalten sei. Diese Pole, so die Stiftung, machen jeweils nur ein Viertel der Befragten aus. Rund die Hälfte der Deutschen gehört demnach zu einer breiten »beweglichen Mitte« und hat differenzierte Einstellungen. Sie ist mehrheitlich offen für die Aufnahme von Geflüchteten, sie sieht aber auch die Herausforderungen, die der Zuzug dieser Menschen mit sich bringt. Nach der Studie findet es die große Mehrheit der Deutschen richtig, Menschen aufzunehmen, die vor Krieg und Verfolgung fliehen müssen. Gut 70 Prozent sind der Ansicht, Deutschland solle in Zukunft genauso viele Flüchtlinge wie jetzt oder sogar noch mehr aufnehmen. Für Menschen, die »aus wirtschaftlichen Gründen und vor Armut« nach Deutschland fliehen, zeigt die Mehrheit dagegen nur eine geringe Akzeptanz. Die meisten Befragten haben nichts dagegen, dass Flüchtlinge in ihrer Nachbarschaft untergebracht werden. 80 Prozent der Befragten sind auch dafür, dass diejenigen, die sich hier gut integriert haben und einer Arbeit nachgehen, bleiben dürfen, sogar wenn sie eigentlich ausreisepflichtig sind. Die größten Sorgen bereiten den Bürgern nach dieser Studie hingegen der Rechtsextremismus und die Spaltung der Gesellschaft.

Das Institut für Arbeitsmarkt- und Berufsforschung (IAB), das Bundesamt für Migration und Flüchtlinge (BAMF) und das Deutsche Institut für Wirtschaftsforschung (DIW) bestätigten darüber hinaus 2019 in einer größeren Untersuchung, dass die Integration von Geflüchteten vorankommt. Ein Drittel der Flüchtlinge im Erwerbsalter hat inzwischen Arbeit. Im November 2018 waren rund 380 000 Menschen aus den Hauptherkunftsländern der Asylsuchenden Afghanistan, Eritrea, Irak, Iran, Nigeria, Pakistan, Somalia und Syrien in Deutschland sozialversicherungspflichtig beschäftigt – fast 40 Prozent mehr als im Jahr zuvor. Nach Angaben des Instituts der Deutschen Wirtschaft üben zwar viele Flüchtlinge nur Helfertätigkeiten aus. Ende Juni 2018 betrug ihr Anteil an allen beschäftigten Flüchtlingen knapp 50 Prozent. Immer häufiger sind sie aber auch auf den höheren Qualifikationsstufen vertreten. So ist zum Beispiel die Zahl der als Fachkraft beschäftigten Flüchtlinge von Juni 2017 bis Juni 2018 um fast 54 Prozent gestiegen. Auch die Sprachkenntnisse haben sich verbessert.

Eines der Großprojekte des Landes Baden-Württemberg war der »Pakt für Integration«, den die Landesregierung mit den Kommunen geschlossen hat. Dabei stellte das Land den Kommunen in den Jahren 2017 bis 2018 insgesamt 320 Millionen Euro zur Verfügung. Mit dem Geld sollen unter anderem so genannte »Integrationsmanager« gefördert werden, die eine flächendeckende und individuelle Sozialberatung für Geflüchtete in der Anschlussunterbringung gewährleisten sollen. Die Landesregierung setzt sich für die interkulturelle Öffnung der Verwaltung ein oder hat zum Beispiel auch einen Integrationspreis gestiftet. Fünf Jahre nachdem das Landesanerkennungsgesetz in Baden-Württemberg in Kraft getreten ist, zog Sozial- und Integrationsminister Manne Lucha (Grüne) im Januar 2019 eine positive Bilanz. Bei neun von zehn Anträgen auf Anerkennung ausländischer Berufsabschlüsse öffne sich die Tür zur Arbeit als Fachkraft. Syrien liegt dabei an erster Stelle der Ausbildungsstaaten.

Aber auch die Wirtschaft engagiert sich. Viele Unternehmen sind bereit, Flüchtlinge einzustellen, erheben aber auch Forderungen. Insbesondere erwarten zahlreiche Unternehmer, dass beispielsweise abgelehnte Asylbewerber in Deutschland bleiben dürfen, wenn sie gut integriert sind und einen festen Job oder eine Ausbildung haben. So setzt sich zum Beispiel eine breit aufgestellte Unternehmensinitiative in Baden-Württemberg für ein dauerhaftes Bleiberecht gut integrierter Flüchtlinge ein. Mitbegründer dieser Initiative ist Gottfried Härle, Inhaber einer Traditionsbrauerei in Leutkirch, denn auch in Oberschwaben und im Allgäu herrscht praktisch Vollbeschäftigung, so dass keine Arbeitskräfte zu finden sind und man für die jungen Flüchtlinge dankbar ist. So es ist gerade die Wirtschaft, unterstützt vom baden-württembergischen Wirtschaftsministerium, die Druck macht für ein modernes Einwanderungsgesetz, um dem Arbeitskräftemangel zu begegnen. Die Hoffnung auf einen »Spurwechsel«, also darauf, dass gut integrierte Flüchtlinge als Arbeitsmigranten behandelt werden und einen entsprechenden Aufenthaltsstatus bekommen, hat sich jedoch vorerst zerschlagen.

Asylgrundrecht und Kalter Krieg

Beim Umgang mit der so genannten »Flüchtlingskrise« drängt sich immer wieder der Eindruck auf, als hätten Deutschland und Baden-Württemberg keinerlei historische Erfahrungen mit ähnlichen Fluchtbewegungen gemacht. Erstaunlich ist dabei immer wieder, wie wenig auf dieses kollektive gesellschaftliche Wissen zurückgegriffen wird und wie wenig auch in der öffentlichen Darstellung von Seiten der Politik und der Medien darauf hingewiesen wird, dass man ähnliche Situationen schon einmal gemeistert hat.

Als 1949 die Väter und Mütter des Grundgesetzes mit dem einfachen und prägnanten Satz »Politisch Verfolgte genießen Asylrecht« in Artikel 16 das Grundrecht auf Asyl festschrieben, handelten sie in erster Linie vor dem Hintergrund der Erfahrungen mit dem Nationalsozialismus und den Millionen von Menschen, die aus Deutschland hatten flüchten müssen. Außerdem war wenige Monate zuvor im Dezember 1948 die Allgemeine Erklärung der Menschenrechte von der Generalversammlung der Vereinten Nationen verkündet worden, in deren Artikel 14 das Asylrecht verankert ist. Einer der vehementesten Verfechter dieses Grundrechts auf Asyl war Carlo Schmid, einer der führenden Köpfe der südwestdeutschen Sozialdemokratie. In einer Sitzung des Parlamentarischen Rates verteidigte er seinen Ansatz gegen die Kritiker des offenen Asylrechts:

>»Die Asylgewährung ist immer eine Frage der Generosität, und wenn man generös sein will, muss man riskieren, sich gegebenenfalls in der Person geirrt zu haben. Das ist die andere Seite davon, und darin vielleicht auch die Würde eines solchen Aktes. Wenn man eine Einschränkung vornimmt, etwa so: Asylrecht ja, aber soweit der Mann uns politisch nahesteht oder sympathisch ist, so nimmt das zu viel weg.«

Das Zitat zeigt, dass die offene Formulierung des Artikels 16 wohlüberlegt und Ausdruck von politischer und humanitärer Überzeugung war. Gleichwohl blieb das Asylrecht in der Frühphase der Bundesrepublik Deutschland eher von geringer Bedeutung, weil die zwei großen Flüchtlingsgruppen der unmittelbaren Nachkriegszeit – die deutschstämmigen Heimatvertriebenen aus Mittel- und Osteuropa sowie die Flüchtlinge aus der DDR – über andere Regelungen in die Bundesrepublik kamen.

Das Grundrecht auf Asyl war lange Zeit ein »vergessenes Grundrecht«. Bis Ende der 1960er Jahre lag unter den Asylsuchenden der Anteil der Geflüchteten aus dem Ostblock bei 70 bis 94 Prozent. Die großen Aufnahmekontingente, die die Bundesregierung für politische Flüchtlinge aus Ungarn nach dem Volksaufstand 1956, aus der Tschechoslowakei nach dem »Prager Frühling« 1968 und aus Polen fast dauerhaft bereitstellte, ließen sich im Denken der Blockkonfrontation zwischen West und Ost rechtfertigen. Die Asylbewerber aus diesen Ländern galten als »gute Flüchtlinge«, denn schließlich kamen sie aus dem Lager des »Systemfeindes« und waren weit überwiegend gut qualifiziert. Ihre Asylanträge wurden zu 80 Prozent bewilligt.

1979/80: Erster Streit über die Asylpolitik

Als im Jahr 1979 die Zahl der Asylbewerber in Deutschland auf 51 000 anstieg und im darauffolgenden Jahr die magische Zahl von 100 000 erreicht wurde – das entsprach zwei Dritteln aller Asylsuchenden in Europa –, entbrannte besonders im Wahljahr 1980 eine heftige Auseinandersetzung um »Asylmissbrauch« und »Scheinasylanten«. Schon seit mehreren Jahren waren in Deutschland politisch verfolgte Flüchtlinge aus Griechenland (seit 1967) und Chile (seit 1973) sowie Flüchtlinge aus den Entwicklungsländern der so genannten »Dritten Welt« (Pakistan, Jordanien, Zentralafrika und anderen) aufgenommen worden. Die Asyllogik im Kontext der Systemkonkurrenz zwischen West und Ost konnte damit nicht mehr aufrechterhalten werden. Schon damals waren die Behörden überfordert,

Spielende Kinder in der Zentralen Anlaufstelle für Asylbewerber in Karlsruhe, Wolfartsweierer Straße, im Jahr 1980.

was die Abwicklung der Asylverfahren anging. Schon damals sprach man vom »Schlepperunwesen«, das es zu bekämpfen galt.

Im damaligen politischen Schlagabtausch warf die FDP der CDU-Landesregierung vor, sie würde mit ihren Äußerungen zur Asylproblematik eine »Pogromstimmung« anheizen. Das internationale Kinderhilfswerk Terre des Hommes warnte vor einer Aushöhlung des Grundrechts auf Asyl. Der baden-württembergische Justizminister Heinz Eyrich (CDU) schlug vor, dass künftig Grenzrichter über den sofortigen Vollzug einer Zurückweisung von Asylbewerbern entscheiden sollten. Der Minister wies darauf hin, dass das Verwaltungsgericht Stuttgart bereits durch Asylklagen überlastet sei.

Ministerpräsident Lothar Späth (CDU) gab den Druck aus den Städten und Gemeinden an die Bundesregierung weiter und drohte in einem Brief an den Bundeskanzler mit einer Untätigkeitsklage. Wenn man das explosionsartige Anwachsen der »Asylantenwelle« nicht bald in den Griff bekomme, könne dies in der Bevölkerung zu »bürgerkriegsähnlichen Diskussionen« führen, sagte Späth im Landtagswahlkampf 1980. Der Ministerpräsident wörtlich:

>»Die baden-württembergische Bevölkerung hat bisher unvoreingenommen Verständnis und Hilfsbereitschaft für die Ausländer aufgebracht, die wegen politischer Verfolgung in Not sind. [...] Die derzeitigen Zustände in den von den Wirtschaftsflüchtlingen besonders überschwemmten Ballungsgebieten treffen jedoch zunehmend auf Unverständnis und könnten bald zu einer Ausländerfeindlichkeit führen.«

Das Schwarzer-Peter-Spiel zwischen Bund und Land ging weiter. Bundesinnenminister Gerhart Baum (FDP) kritisierte seinerseits die »Untätigkeit des Landes Baden-Württemberg gegenüber einer Ausländerkonzentration in einigen wenigen Gemeinden«. Der Bund wies das Land schließlich auf die Unterbringungsmöglichkeiten in Kasernen und Schulen hin. Auf dem Stuttgarter Flughafen mussten Flüchtlinge aus Afrika notdürftig auf Matratzenlagern beherbergt werden. Landesinnenminister Guntram Palm (CDU) befürchtete Streiks des Flughafenpersonals und »ernsthafte Beeinträchtigungen« des Flugverkehrs, was beides jedoch nicht eintrat. Der Minister sprach davon, dass es »eine fluktuierende Flüchtlingsmasse« gebe, die »überall dorthin überschwappe«, wo es wirtschaftlich besser gehe. Nach seinen Worten gab es dabei ein »Zuflussproblem« und ein »Abflussproblem« – und eine »Asylantenlawine«. Im Eilverfahren verabschiedete der Bundestag noch vor der Sommerpause ein Sofortprogramm der Bundesregierung mit Abschreckungsmaßnahmen, um die steigende Zahl der Asylbewerber zu verringern. So bekamen Asylbewerber ein Jahr lang keine Arbeitserlaubnis.

In der »Flüchtlingskrise« 1979/1980 wurde eine unsägliche Diskussion über die Asylpolitik in Gang gesetzt, die bis in die heutigen Tage anhält. Dazu noch ein Bespiel aus Baden-Württemberg aus dem Jahr 1980. Sozialminister Dietmar Schlee (CDU) wies auf eine steigende Ausländerfeindlichkeit hin. Die Stimmung in der deutschen Bevölkerung drohe von ausländerfreundlich in ausländerfeindlich umzuschlagen. »Der unaufhörliche Strom von Gastarbeitern, Asylanten und Wirtschaftsflüchtlingen hat das Fass zum Überlaufen gebracht«, so der Minister. Schlee weiter:

> »Einer Springflut gleich sind Flüchtlinge in den letzten Monaten in unser Land gedrängt. Die deutsche Bevölkerung sah sich plötzlich einer Schwemme von Menschen aus verschiedenen europäischen, asiatischen und afrikanischen Ländern ausgesetzt. Dieser Strom der Zufluchtsuchenden hat sich in die abgelegensten Dörfer ausgebreitet und in der Großstadt beherrschen die Ausländer das Straßenbild.«

Damals wurde das »Asylantenproblem« politisiert und instrumentalisiert, vor allem für die parteipolitische Auseinandersetzung in Wahlkämpfen, auch zwischen der Bundesregierung und der Opposition und den von dieser regierten Ländern. Worte wie »Asylantenflut« und die angeführten giftigen Zitate haben sich festgesetzt und letztendlich – ob gewollt oder nicht – zur Fremdenfeindlichkeit in Deutschland beigetragen.

Lehren für die Zukunft, für eine Zeit, in der die Zahl der Flüchtlinge wieder ansteigen könnte, wurden damals jedoch nicht gezogen, beispielsweise indem Stellen für die Entscheidung der Asylanträge oder bei den Gerichten geschaffen oder zumindest vorbereitet worden wären. Dabei konnte man bei der damaligen Weltlage mit Kriegen und Krisen davon ausgehen, dass eine solche Zeit bald wieder kommen würde. Stimmen der Vernunft, die auf diese realistische Zukunftsperspektive hinwiesen, verhallten ohne Wirkung, wie ein Appell des damaligen Bundesinnenministers Gerhart Baum (FDP), der darauf hinwies, dass der deutschen Bevölkerung die Dimension des Asylproblems kaum bewusst sei:

»Dabei geht es gerade darum, unseren Mitbürgern die globale Dimension dieses Problems und die humanitäre Solidarität, die Verpflichtung zum internationalen Lastenausgleich deutlich und verständlich zu machen. [...] Unsere geschichtliche Bevorzugung und zugleich unser praktisches politisches Problem ist, dass wir von den großen Krisenherden der Weltpolitik derzeit weit entfernt sind. Die politische Stabilität unseres Landes und die materielle Sicherung unserer Bürger machen es für breite Bevölkerungsschichten schwer, sich in die existenzielle Not ausländischer Flüchtlinge hineinzuversetzen. Die Politik – quer durch alle Parteien – hat zuallererst die Aufgabe, bei unseren Bürgern um Verständnis für die betroffenen Flüchtlinge und Asylanten zu werben.«

Ein Satz, der an seiner Gültigkeit bis heute nichts verloren hat.

1991/92: Erneute Asyldebatte und »Asylkompromiss«

In den Jahren nach 1980 wurde es relativ ruhig um die Asylbewerberzahlen, die dann aber ab 1991 wieder anstiegen. Im Jahr 1992 erreichten die Zahlen bundesweit einen Höhepunkt mit 440 000. In Baden-Württemberg stellten in diesem Jahr rund 61 000 Flüchtlinge einen Asylantrag. Besonders die baden-württembergische Landesregierung machte sich für eine Grundgesetzänderung stark, um die Zahlen nachhaltig zu reduzieren. Sie gab damit den Druck, dem sie durch die Kommunen bei der Unterbringung ausgesetzt war, wie schon 1979/80 an die Bundesregierung weiter.

Der Ministerrat in Stuttgart beschäftigte sich am 19. November 1991 erneut mit der Asylproblematik. Ministerpräsident Erwin Teufel (CDU) sagte nach der Sitzung: »Der ungebremste Zugang von Asylbewerbern stellt die Länder und Gemeinden vor unlösbare Verteilungs- und Unterbringungsprobleme.« Der Regierungschef machte deutlich:

> »Wenn es nicht zu einer Änderung des Grundgesetzes kommt, werden wir im nächsten Jahr wieder zusammensitzen und darüber reden müssen, wie wir dem Notstand am besten begegnen, denn um einen solchen Notstand handelt es sich heute tatsächlich.«

In diesen aufgewühlten Jahren 1991 und 1992 zeigte das jüngst wiedervereinigte Deutschland seine hässliche Fratze. Innerhalb kürzester Zeit kam es zu pogromartigen fremdenfeindlichen Krawallen und Gewalttaten mit zahlreichen Verletzten und Todesopfern, für die Städtenamen wie Hoyerswerda, Rostock-Lichtenhagen, Mölln und Solingen stehen. 1991 war auch in Baden-Württemberg ein deutlicher Anstieg von Fremdenhass zu verzeichnen. Allein in den beiden Jahren 1991 und 1992 gab es fast 1200 fremdenfeindliche Straftaten und über 110 Brandanschläge. Seit 1990 sind in Deutschland rund 200 Menschen bei ausländerfeindlichen Anschlägen ums Leben gekommen.

Der Vorsitzende der SPD-Landtagsfraktion Dieter Spöri schlug damals eine »parteiübergreifende Aktion mit Kirchen, Gewerkschaften und Arbeitgebern gegen Ausländerfeindlichkeit in Baden-Württemberg« vor. Spöri hob hervor, dass sich die Serie von Gewalttätigkeiten längst auf die alten Bundesländer ausgeweitet habe:

> »Auch in Baden-Württemberg äußert sich die Fremdenfeindlichkeit nicht nur in Anschlägen auf Gebäude und Schmierereien, sondern auch darin, dass Ausländer – wie in Brühl – öffentlich angegriffen und niedergestochen werden.«

Bundesweit folgte eine große gesamtgesellschaftliche Anstrengung gegen Fremdenfeindlichkeit und Rassismus. Mehrere Millionen

Im Juni 1992 kommt es auch in Mannheim nach fremdenfeindlichen Ausschreitungen vor einem Asylbewerberheim zu einer Großdemonstration.

Menschen demonstrierten mit den berühmt gewordenen Lichterketten, so auch über 250 000 Teilnehmer am 19. Dezember 1992 in Stuttgart, Karlsruhe und Tübingen. Weit überwiegend wurden diese Solidaritätsbekundungen für Geflüchtete von der Zivilgesellschaft getragen.

Nach jahrelangen Diskussionen und trotz der massiven Proteste wurde schließlich im Mai 1993 vom Bundestag mit Zustimmung der oppositionellen SPD, die sich dem politischen und medialen Druck gebeugt hatte, das Grundgesetz geändert und das Grundrecht auf Asyl stark eingeschränkt. Das Personal beim damaligen Bundesamt für die Anerkennung ausländischer Flüchtlinge wurde massiv aufgestockt. Dadurch wurde einerseits der Berg an Asylanträgen abgebaut, andererseits ging durch den »Asylkompromiss« die Zahl der Asylanträge in den folgenden Jahren auch in Baden-Württemberg drastisch zurück. Waren es 1992 noch über 51 000 Asylbewerber, so verzeichnete man im Südwesten für 2007 nur noch 1595 Asylbewerberzugänge. Mit dem »Asylkompromiss« schottete sich Deutschland ab, während mit der Europäisierung des Asylsystems (»Dubliner Abkommen«) das Problem auf die Nachbarländer beziehungsweise an die EU-Außengrenzen verlagert wurde.

Die Novellierung des Asylverfahrensrechts, die am 1. Juli 1993 in Kraft trat, brachte eine gravierende Änderung des Grundrechts auf Asyl mit sich. Zu Recht könnte man sagen, dass sie auf eine Abschaffung des Grundrechts auf Asyl hinauslief. In Artikel 16 a, Absatz 1 Grundgesetz heißt es weiterhin: »Politisch Verfolgte genießen Asylrecht.« Absatz 2 schränkt jedoch den Schutzbereich des Grundgesetzes vor allem durch drei Punkte ein.

Erstens: Sichere Drittstaaten. Asylbewerber, die aus so genannten sicheren Drittstaaten einreisen, in denen die Genfer Flüchtlingskonvention sowie die Europäische Menschenrechtskonvention gelten, erhalten kein Asyl mehr. Alle Nachbarstaaten Deutschlands sind sichere Drittstaaten, so dass Deutschland von einem »sicheren Gürtel« solcher Staaten umgeben wird. Zweitens: Sichere Herkunftsstaaten. Ein Asylantrag gilt als »offensichtlich unbegründet«, wenn der Antragsteller aus einem so genannten sicheren Herkunftsstaat kommt, in dem keine politische Verfolgung vorliegt. Welches Land als sicher gilt, bestimmt der Gesetzgeber auf der Grundlage von Lageberichten des Auswärtigen Amtes. Drittens: Flughafenregelung. Diese Regelung gilt für Asylbewerber aus sicheren Herkunftsländern sowie für Asylbewerber ohne Ausweise, die über einen Flughafen einreisen und bei der Grenzbehörde um Asyl bitten. Das Asylverfahren wird dabei im Transitbereich des Flughafens beschleunigt vorgenommen.

In Deutschland ist es seither nicht mehr möglich, auf dem Landweg einzureisen, um einen Asylantrag zu stellen, da die Einreise immer über einen sicheren Drittstaat erfolgen würde. Wer aus einem sicheren Herkunftsstaat kommt, hat auch auf dem Luftweg kaum eine Chance. Überspitzt ausgedrückt: Asylbewerber müssten also mit einem Fallschirm über Deutschland abspringen, um einen Asylantrag stellen zu können – oder sie müssen illegal einreisen und vor allem ihren Fluchtweg verschleiern. Das deutsche Asylrecht orientiert sich sozusagen nicht mehr an der Schutzbedürftigkeit des Asylbewerbers, sondern am Fluchtweg und am gewählten Transportmittel. Es war auf jeden Fall neu in Deutschland, dass man Gesetze verletzen musste, um ein Grundrecht, das nach wie vor in der Verfassung stand, beanspruchen zu können. Die internationalen Schlepperbanden rieben sich nach der Grundgesetzänderung die Hände. Ihr Geschäft mit den Flüchtlingen, die nur noch mit ihrer Hilfe nach Deutschland kommen konnten, blühte auf. Trotz aller Kritik, die im Lauf der Jahre immer wieder gegen die Flüchtlingspolitik vorgetragen wurde, bestätigte das Bundesverfassungsgericht die neuen Regelungen im Asylrecht.

Bei den aktuellen Fluchtbewegungen spielt der Grundgesetzartikel 16 praktisch keine Rolle mehr. Unter allen in Deutschland aufgenommenen Geflüchteten waren 2018 nur 2841 Menschen (1,3 Prozent), die als Asylberechtigte nach Artikel 16 a des Grundgesetzes anerkannt wurden. In der Praxis erhalten die allermeisten Menschen, die vor Kriegen und Krisen nach Deutschland flüchten, Schutz nach der Genfer Flüchtlingskonvention, oder sie bekommen einen eingeschränkten subsidiären Schutz gewährt. Dies sind zunächst Geflüchtete, die nicht als politisch verfolgt gelten, aber trotzdem in Deutschland bleiben dürfen, weil ihnen in ihrem Herkunftsland »ernsthafter« Schaden droht, also beispielsweise willkürliche Gewalt oder die Todesstrafe.

Vietnamesische Boatpeople – eine erfolgreiche Integrationsgeschichte?

Dass humanitäre Hilfeleistung auch anders erbracht werden kann, zeigten die vietnamesischen Flüchtlinge, die dem kommunistischen Gewaltregime in ihrem Land auf einfachsten und meist völlig überladenen Booten zu entfliehen versuchten. Dramatische Szenen von ertrinkenden Boatpeople riefen in Deutschland Rettungsaktionen ins Leben, darunter als bekannteste sicherlich die der Hilfsorganisation »Ein Schiff für Vietnam«, die sich 1982 nach ihrem Rettungsschiff Cap Anamur umbenannte und mit dem Aktivisten Rupert Neudeck weltbekannt wurde.

Die vietnamesischen Kriegsflüchtlinge, die ab 1978 in Deutschland aufgenommen wurden, mussten auf Grund ihrer Kategorisie-

In Karlsruhe übergibt ein Stadtrat im September 1979 Spenden an Boatpeople aus Vietnam.

rung als Kontingentflüchtlinge kein Asylverfahren durchlaufen und waren damit gegenüber anderen Flüchtlingsgruppen privilegiert. Letztlich hat dies sicherlich auch zu ihrer insgesamt erfolgreichen Integration beigetragen. Die südostasiatischen Boatpeople des Jahres 2015, Angehörige der muslimischen Minderheit der Rohingya aus Myanmar und Flüchtlinge aus Bangladesch, aber auch das aktuelle Flüchtlingsdrama im Mittelmeer haben keine derartigen Hilfsaktionen bewirkt. Ganz im Gegenteil: Zivile Seenotretter im Mittelmeer werden heute bei ihren humanitären Rettungsaktionen von staatlicher Seite behindert oder gar kriminalisiert und juristisch verfolgt.

Im Vergleich der deutschen Bundesländer hatte Baden-Württemberg mit 15,2 Prozent der in Deutschland aufgenommenen vietnamesischen Bootsflüchtlinge eine der höchsten Aufnahmequoten. Rund 38 000 Flüchtlinge aus Indochina nahm Deutschland damals insgesamt auf. Sie wurden mit staatlicher Unterstützung und gecharterten Schiffen und Flugzeugen nach Deutschland gebracht. In Stuttgart wurde 1980 das Độc-Lập-Zentrum zur Beratung von Flüchtlingen aus Südostasien eröffnet, das bis Anfang der 1990er Jahre bundesweit tätig war.

Aktuell leben in Deutschland rund 165 000 Menschen mit vietnamesischem Migrationshintergrund. Sie gelten als bestens integriert und »unauffällig«. Vor allem die Tatsache, dass viele Kinder aus vietnamesischen Familien das Abitur machen, lässt sie als »Integrationsweltmeister« erscheinen. 2013 besuchten 35,8 Prozent der Schülerinnen und Schüler ohne Migrationshintergrund das Gymnasium, mit türkischen Wurzeln waren es 18,3 Prozent, mit vietnamesischen hingegen 58 Prozent. Als Erklärung für diesen Erfolg werden der Ehrgeiz, der Erziehungsstil und die Mentalität der Eltern ins Feld geführt, denn in Vietnam genießen Bildung und Schulerfolg einen hohen Stellenwert. Das »Integrationswunder« bezieht sich allerdings auf das Bildungsniveau vietnamesischer Kinder, nicht aber auf die Vietnamesen insgesamt, die offensichtlich gerne in ihrer eigenen Community bleiben. Deshalb macht ihnen aber in Deutschland niemand einen Vorwurf, wohingegen man etwa den Türken vorhält, sie würden sich abkapseln und in so genannten Parallelgesellschaften leben. Vietnamesen »fallen nicht auf«, auch schon wegen ihrer geringen Zahl in Deutschland. Aber auch das kann für die betroffene Migrantengruppe ein Problem sein, indem man sie – ähnlich wie die Italiener – für bestens integriert hält.

Luu Thao Tran, die Tochter eines Bootsflüchtlings aus Vietnam, hat die Integration der Vietnamesen wissenschaftlich untersucht. Auch sie kommt zu einem zwiespältigen Ergebnis, was die offensichtlich so gut gelungene Integration der vietnamesischen Community in Deutschland angeht. Die anfänglich große Hilfsbereitschaft hat nach ein paar Jahren nachgelassen, ähnlich wie heute bei den syrischen Flüchtlingen. Die Bootsflüchtlinge hatten und haben mit den gleichen Schwierigkeiten zu kämpfen wie die anderen Einwanderer auch, beispielsweise mit Sprachproblemen, bei der Wohnungssuche oder auf dem Arbeitsmarkt. Fremdenfeindlichkeit schlug auch ihnen entgegen; auch Vietnamesen wurden bei Anschlägen getötet.

In einer Fallstudie über vietnamesische Flüchtlinge in Heidenheim, wo der Vater von Luu Thao Tran 1985 Zuflucht fand, bescheinigt die Autorin der Stadt und ihrer Bevölkerung auf jeden Fall eine große Hilfsbereitschaft, besonders seitens der Vertreter der katholischen Kirche. Gerade das alltägliche »Helfen im Kleinen« hat in Heidenheim offensichtlich zu Integrationserfolgen geführt, wie bei anderen Einwanderergruppen auch. Viele gelungene Integrationsbeispiele haben sich im Lauf der Jahrzehnte so in aller Stille vollzogen, weniger durch staatliche Maßnahmen als durch die Hilfe der Zivilgesellschaft und durch die Anstrengungen der Migrantinnen und Migranten selbst. So war beispielsweise die Betreuung durch das Deutsche Rote Kreuz mit Sprachunterricht ebenfalls förderlich für die Integration der vietnamesischen Boatpeople in Heidenheim.

Bürgerkriegsflüchtlinge aus dem zerfallenden Jugoslawien

Als zu Beginn der 1990er Jahre der Vielvölkerstaat Jugoslawien in einem blutigen Bürgerkrieg in die heute souveränen Staaten Slowenien, Kroatien, Bosnien-Herzegowina, Mazedonien und Montenegro sowie Serbien zerfiel, zeigte Baden-Württemberg erneut große Hilfsbereitschaft für die Flüchtlinge. Der Bürgerkrieg in Jugoslawien ging mit ethnischen Vertreibungen von Kroaten, Serben, Muslimen, Kosovo-Albanern und Roma einher, von denen viele zu ihren Verwandten nach Deutschland flüchteten. Viele der Ex-Jugoslawen, die schon lange Zeit als »Gastarbeiter« hier lebten, sahen in der Aufnahme ihrer geflüchteten Landsleute eine moralische Pflicht. Diese Hilfsnetzwerke stellten aber gleichzeitig auch eine Entlastung für die bundesdeutschen Behörden dar, etwa wenn es um Wohnraum und Lebensunterhalt der Bürgerkriegsflüchtlinge ging. Neben Nordrhein-Westfalen und Bayern war Baden-Württemberg eines der Hauptaufnahmeländer. Während der Kriegsjahre stieg die Zahl der Zuwanderer aus Ex-Jugoslawien in Baden-Württemberg von rund 181 000 (1990) auf knapp 320 000 (1995) an. Allein in Stuttgart lebten zeitweise mehr Bürgerkriegsflüchtlinge vor allem aus Kroatien und Bosnien als in ganz Großbritannien.

Nach dem Ende der Kriegshandlungen auf dem Balkan setzten sofort Rückführungsmaßnahmen der Bundesrepublik Deutschland ein – und dies, obwohl vor allem von Seiten der Wirtschaft dringend darum gebeten wurde, die inzwischen in vielerlei Bereichen eingearbeiteten und integrierten Kriegsflüchtlinge nicht auszuweisen. Besonders in der Gastronomie, in anderen Dienstleistungsbereichen und im Handwerk wurden dringend Arbeitskräfte gesucht. Einige der Geflüchteten konnten jedoch in Deutschland bleiben und gelten heute als bestens integriert, andere wanderten nach Skandinavien oder nach Übersee weiter.

Für die ehemaligen jugoslawischen Arbeitsmigranten in Deutschland veränderte der Bürgerkrieg nicht nur den Alltag, viele von ihnen verloren durch die Zerstörungen vor allem in Kroatien und Bosnien-Herzegowina auch ihre Häuser, die sie dort gebaut und für die sie jahrelang angespart hatten. Oftmals verloren sie damit ihre mühsam erarbeitete Alterssicherung.

Zum fünfzigjährigen Jubiläum des Anwerbeabkommens zwischen dem damaligen Jugoslawien und der Bundesrepublik Deutschland veranstaltete 2018 der langjährige Integrationsbeauftragte der Stadt Stuttgart Gari Pavkovic, der selbst aus dem früheren Jugoslawien stammt, eine Podiumsdiskussion. Dabei wurde das Problem der »Beheimatung« und der Integration dieser Menschen aus dem zerfallenen Vielvölkerstaat in den Fokus gerückt. Pavkovic machte bei dieser Veranstaltung deutlich:

> »Die Menschen sind geblieben, mit ihrer Sehnsucht nach nationaler Homogenität und tatsächlicher Interkulturalität. Aus Jugoslawen wurden kroatische und bosnische Kroaten, kosovarische, makedonische und montenegrinische Albaner, Serben mit Familienherkunft aus Serbien, Montenegro, Kosovo, Bosnien oder Kroatien, Muslime aus Bosnien-Herzegowina und aus dem serbischen Sandschak, Slowenen.«

Der Stuttgarter Integrationsbeauftragte wies auch darauf hin, dass die ehemaligen »Jugo-Schwaben«, wie die Gastarbeitergeneration in Jugoslawien genannt wurde, auch heute noch die größte Immigrantengruppe in Stuttgart bilden.

Mit dem Zerfall Jugoslawiens verschwand für die Menschen aber eine vertraute Gesellschaftsordnung. Ähnlich wie bei den einstigen DDR-Bürgern, so Pavkovic, erstarkten in der Folge fremdenfeindliche Entwicklungen. Natürlich griff die nationalistische Mobilisierung der einzelnen Volksgruppen im Zuge der Kriege in den 1990er Jahren auch auf die Migrantengemeinden im Ausland über, aber es sei, so Pavkovic, hierzulande doch gelungen, diese krisenhaften Veränderungsprozesse weitgehend gewaltfrei zu gestalten. Einige ex-jugoslawische Stuttgarterinnen und Stuttgarter gelten heute als »erfolgreiche Brückenbauer zwischen den Kulturen«. Manche kamen bereits als »Gastarbeiterkinder« in die Landeshauptstadt, wie beispielsweise der SPD-Stadtrat und Kreisvorsitzende Dejan Perc.

Jüdische Kontingentflüchtlinge

Nach den furchtbaren Erfahrungen der NS-Herrschaft und der Schoah kam es in Baden-Württemberg nach 1945 nur langsam wieder zur Gründung oder Wiederbelebung von jüdischen Gemeinden. In Stuttgart beispielsweise hatten nur 24 Juden das Ende des NS-Regimes überlebt, in Mannheim nur 60 der einst 6500 Mitglieder starken jüdischen Gemeinde. Die allermeisten Synagogen, Gemeindeeinrichtungen und Kultgegenstände waren zerstört, aber anfangs ging es nicht nur um die spirituellen Bedürfnisse der Gemeindemitglieder, sondern auch um die Versorgung der Geretteten mit dem Nötigsten, um die Zusammenarbeit mit der Militärverwaltung und generell um den Aufbau geordneter Strukturen.

Eine weitaus größere Zahl an jüdischen Überlebenden waren so genannte Displaced Persons (DPs), Menschen also, von denen die meisten Zwangsarbeit, Konzentrationslagerhaft oder die Todesmärsche bei der Auflösung der Lager überlebt hatten und die nun als »heimatlose Ausländer« galten. Ursprünglich sollten die DPs bis zur »Repatriierung« in ihre Herkunftsländer in Sammelstellen betreut werden, aus denen aber rasch Lager mit Bewachung und Stacheldraht, überdies mit schwierigsten Lebensbedingungen und hoher Kindersterblichkeit wurden. Allein in der französisch besetzten Zone (einschließlich des heutigen Rheinland-Pfalz) befanden sich im Sommer 1945 rund 170 000 DPs. Für die amerikanische Zone (Württemberg-Baden) liegen keine genauen Zahlen vor.

Deutschlandweit waren 1946 unter den DPs rund 40 000 Juden, 1947 sogar 187 000, die vielfach lange auf eine Ausreisemöglichkeit nach Palästina (ab 1948 nach Israel) oder in die USA warten mussten. Letztendlich blieben etwa 12 000 der jüdischen DPs in Deutsch-

Jüdische Displaced Persons demonstrieren in Stuttgart vor dem Sitz der US-Militärregierung und fordern ihre Ausreisegenehmigung nach Palästina, circa 1946.

land. Diejenigen darunter, die sich im heutigen Baden-Württemberg niederließen, bildeten oft den Kern der neu entstehenden jüdischen Gemeinden wie in Stuttgart, Ulm, Heidelberg, Mannheim oder Karlsruhe. Während des Kalten Krieges gab es immer auch die Einwanderung von Juden aus dem sowjetischen Machtbereich. Oftmals wurden sie als »Dissidenten« bezeichnet, so etwa diejenigen, die 1948 vor der kommunistischen Machtübernahme in Prag flüchteten. 1953 folgten im Zuge des Volksaufstandes Juden aus der DDR, 1956 aus Ungarn und 1968 nach der Unterdrückung des »Prager Frühlings« aus der Tschechoslowakei. Ab Mitte der 1980er Jahre kamen dann auch die ersten Juden aus der Sowjetunion. In nicht wenigen jüdischen Gemeinden wurden mit diesen Zuwanderungen die Zahlenverhältnisse zwischen »deutschen Juden« und »Ostjuden« umgekehrt.

Nicht selten kam es auch zu gemeindeinternen Konflikten, weil die Neuzuwanderer nach Deutschland zwar keine »Orthodoxen«, wohl aber traditionalistisch ausgerichtet waren und stärker an althergebrachten Überlieferungen oder auch an der jiddischen Sprache hingen. Mit dem Ende der Systemkonfrontation zwischen Ost und West eröffnete sich für jüdische Menschen aus der zerfallenden Sowjetunion nach langen Jahrzehnten der Demütigung und Unterdrückung eine neue Möglichkeit, nach Deutschland auszuwandern. Seit 1991 fanden Juden aus dem Gebiet der ehemaligen Sowjetunion im Rahmen humanitärer Hilfsaktionen als Kontingentflüchtlinge Aufnahme in Deutschland. Das Gesetz für solche Hilfsaktionen galt bis 2005, war recht kompliziert, garantierte den Zuwanderern aber relativ privilegierte Integrationsvoraussetzungen in Form einer unbefristeten Aufenthalts- und Arbeitsgenehmigung, von Sozialleistungen, Sprachkursen und Unterstützung bei der beruflichen Integration. Deutschland wurde nun mit rund 200 000 jüdischen Einwanderern (bis 2005) nach Israel und den USA zum drittwichtigsten Einwanderungsland für Juden aus der ehemaligen Sowjetunion.

Zwei Merkmale zeichneten die jüdischen Einwanderer aus: Sie waren, verglichen mit anderen Zuwanderungsgruppen, relativ alt, verfügten allerdings über einen hohen Bildungsgrad. Beides erleichterte jedoch die Integration nicht unbedingt. Vor allem der Einstieg in den Berufsmarkt gelang vielen nicht sofort. Auch die Integration in die jüdischen Gemeinden erfolgte nicht ohne Reibungen, wobei allerdings zu bemerken ist, dass die jüdischen Gemeinden in Baden und Württemberg kaum auf den großen Zuzug vorbereitet waren.

Im Jahr 2005 wurde im Rahmen des Zuwanderungsgesetzes der Zuzug jüdischer Menschen wieder begrenzt. Seither müssen sie Grundkenntnisse der deutschen Sprache und eine positive Integrationsprognose (Arbeitsplatz) nachweisen sowie die Zusage, Mitglied einer jüdischen Gemeinde werden zu können. Dadurch sind die Zahlen deutlich zurückgegangen, derzeit auf nur rund hundert Personen pro Jahr. In den Ländern der ehemaligen Sowjetunion, besonders in der Ukraine, leben noch immer zahlreiche auswanderungswillige Juden, für die aber derzeit weit überwiegend nur Israel als Auswanderungsziel in Frage kommt. Eine abschreckende Rolle spielt dabei sicherlich auch der aufkeimende Antisemitismus in Deutschland.

Heute hat die Israelitische Religionsgemeinschaft Württembergs rund 3000 Mitglieder, diejenige Badens rund 5000.

Deutschstämmige Flüchtlinge und Vertriebene nach 1945

Immer wieder wurde in der so genannten »Flüchtlingskrise« der Jahre 2015/16 der historische Vergleich mit den deutschstämmigen Flüchtlingen der unmittelbaren Nachkriegszeit bemüht. Schon damals habe man die Herausforderung gemeistert, und das in einer Zeit, als Deutschland wirtschaftlich und politisch am Boden lag, von Hunger, Zerstörung und Wohnungsnot geprägt war. Manches an diesem Vergleich mag auf den ersten Blick auf der Hand liegen, anderes gilt es jedoch auch zurechtzurücken.

In der Tat war die damalige Zuwanderungswelle als Folge der verheerenden NS-Herrschaft und ihres Verfolgungs- und Vernichtungskrieges zahlenmäßig von weitaus größerem Umfang. Zwischen 1944/45 und 1950 waren etwa 14 Millionen der insgesamt rund 18 Millionen Deutschstämmigen aus Ost-, Ostmittel- und Südosteuropa von Flucht und Vertreibung betroffen. Etwa 12,5 Millionen von ihnen fanden in der späteren Bundesrepublik oder in der DDR, wo man sie euphemistisch »Umsiedler« nannte, Zuflucht. Weitere 500 000 konnten nach Österreich oder in andere Länder flüchten. Betroffene der kriegsbedingten Zwangsmigrationen waren darüber hinaus Flüchtlinge aus der Sowjetischen Besatzungszone (SBZ) und – bis zum Mauerbau 1961 – aus der daraus entstandenen DDR.

Im deutschen Südwesten gingen die Zahlen nach einem ersten Höhepunkt im Jahr 1946 etwas zurück, erreichten dann aber erst im Jahr 1961 ihren Höchststand, als rund 1,2 Millionen Flüchtlinge aus dem östlichen Europa und etwa 420 000 SBZ- und DDR-Flüchtlinge in Baden-Württemberg lebten. Zusammengenommen machten die »Neubürger«, wie sie hier von Amts wegen genannt wurden, fast 21 Prozent der Gesamtbevölkerung aus. Die regionale Verteilung war dabei recht unterschiedlich. Die Franzosen hatten bis zur Gründung der Bundesrepublik 1949 in ihrer Besatzungszone nur wenige Flüchtlinge aufgenommen, weil sie sich nicht an die Beschlüsse der

Ankunft einer der berühmten »Waggongemeinschaften« mit Heimat-
vertriebenen am Bahnhof in Wertheim am Main im April 1946.

Konferenz von Potsdam gebunden fühlten, zu der sie nicht geladen waren. Erst ab 1949/50 stiegen die Zahlen deutlich an, weil nun die Bundesländer (Süd-)Baden und Württemberg-Hohenzollern im Rahmen des bundesdeutschen Länderflüchtlingsausgleichs festgelegte Kontingente aufnehmen mussten.

Im amerikanisch besetzten Württemberg-Baden verlief die Entwicklung hingegen anders. Schon im Sommer 1945 waren hier die großen und stark zerstörten Städte wie Stuttgart, Ulm, Heilbronn, Mannheim oder Pforzheim als »Brennpunkte des Wohnungsbedarfs« für den Zuzug der Flüchtlinge gesperrt worden. Um einem länger andauernden Lagerleben der Zwangsmigranten entgegenzuwirken, wurden die Flüchtlinge nun unter Beibehaltung der Familiengemeinschaften vorrangig auf die weniger zerstörten ländlichen Gegenden in Nordwürttemberg und Nordbaden verteilt. In manchen Landkreisen stieg hier der Anteil der »Neubürger« auf bis zu 27 Prozent der Bevölkerung an, während er in den Stadtkreisen bei etwa fünf bis sechs Prozent lag.

Vergleicht man also die beiden Fluchtbewegungen von 2015/16 und der Jahre nach 1945 rein nach Zahlen, so relativiert sich die aktuelle Aufnahmeherausforderung tatsächlich, vor allem wenn man bedenkt, dass es in der nachkriegsdeutschen Zusammenbruchsgesellschaft im Gegensatz zum heutigen prosperierenden Deutschland kaum etwas zu teilen gab. Anders gewendet wird dadurch die enorme Leistung der Wiederaufbaugesellschaft der unmittelbaren Nachkriegszeit unterstrichen.

Vergleicht man jedoch die beiden Migrantengruppen nach weiteren Kriterien, so zeigen sich doch auch deutliche Unterschiede. Erstens waren die »Neubürger« nach 1945 deutscher Nationalität und sprachen deutsch, was die Abwehrreaktionen der »Altbürger« sicherlich gedämpft haben dürfte. Zudem hatten die »Heimatvertriebenen«, wie sich die Betroffenen in Abgrenzung zum schnell als Schimpfwort benutzten Begriff der Flüchtlinge selbst nannten, trotz oft anderslautender politischer Beteuerungen keine realistische Rückkehrperspektive. Ihren Integrationswillen hat dies sicherlich gestärkt.

Zweitens waren sie gut qualifiziert und fanden im einsetzenden »Wirtschaftswunder« insgesamt gesehen relativ rasch den Anschluss an die einheimische Mittelschicht. Mit ihrer Arbeits- und Kaufkraft, nicht zuletzt auch mit ihren eigenen Unternehmensgründungen wurden sie sogar selbst recht schnell zu einem der Motoren der boomenden Nachkriegswirtschaft. Echte Aufstiegsmöglichkeiten ergaben sich für viele Heimatvertriebene umso mehr, als seit Mitte der 1950er Jahre die »Gastarbeiter« kamen und großenteils die einfachen Arbeiten in der industriellen Massenfertigung übernahmen.

Drittens schließlich hatten die Flüchtlinge die deutsche Staatsbürgerschaft (oder bekamen sie recht rasch) und damit auch das Wahlrecht. Sie waren damit eine ernst zu nehmende Zielgruppe für politische Parteien und mit ihren Verbänden eine einflussreiche Pressure-Group. Generell passte die Aufstiegs- und Leistungsorientierung der Heimatvertriebenen zur deutschen »Wirtschaftswundermentalität«. Mit Fleiß und Ehrgeiz versuchten sie, ihren alten sozialen Status wiederzuerlangen. Darüber hinaus wurden sie allerdings als bundesdeutsche Staatsbürger auch von groß angelegten Sozialprogrammen oder Förderungsmaßnahmen wie dem Lastenausgleich unterstützt, der größten Wirtschafts- und Finanztransaktion in der deutschen Geschichte bis zur Wiedervereinigung 1990. Nachdem Millionen von Vertriebenen aus Diktatur und Krieg nur einen Koffer und ein Bündel Hausrat gerettet hatten, war das Eigenheim für sie soziales Leitbild und Symbol für Ankommen und Neubeginn.

Bei diesen Aspekten fällt der Vergleich mit den aktuell Geflüchteten schwer, schon allein weil sie eine nach Herkunft, Sprache und Kultur in sich weitaus weniger homogene Gruppe sind, während die Heimatvertriebenen innerhalb eines Landes oder eines Kulturraumes flüchten mussten. Als größter Unterschied ist sicherlich die Sprache zu nennen, die als wesentliche Voraussetzung einer erfolgreichen Integration in Arbeit und Alltag gilt. Hinzu kommt der Ausbildungsstand beziehungsweise das Problem der Anerkennung von im Ausland erworbenen Berufsqualifikationen, zusammen mit den hohen Hürden, die bis zu einer Arbeitserlaubnis überwunden werden müssen. Darüber hinaus haben die derzeitigen Flüchtlinge eine auch nicht annähernd so starke Lobby wie die damaligen Heimatvertriebenen. Dennoch: Viele der Flüchtlinge aus den aktuellen Krisenherden der Welt werden bleiben, und vielleicht wird Deutschland in wenigen Jahren schon auf eine Erfolgsstory zurückblicken können und froh sein, den eklatanten Arbeitskräftemangel mit integrierten Flüchtlingen beheben zu können.

Die wohl zentrale historische Erkenntnis bei dem bemühten und teilweise sicherlich hinkenden Vergleich der beiden Fluchtbewegungen ist jedoch die, dass Integration Zeit braucht – selbst wenn die Zuwanderer der deutschen Sprache mächtig sind. Die vermeintliche »rasche Integration« der Heimatvertriebenen nach 1945 wurde von der Migrationsforschung längst als einer der Gründungsmythen der Bundesrepublik entlarvt. Erst Jahrzehnte später sprach man von der »letztlich erfolgreichen Integration«, weil es doch auch massive Vorbehalte und Ablehnungshaltungen gegenüber den »Neubürgern« gab.

Spannungen und Konflikte resultierten in erster Linie aus der Unterkunftsfrage. Viele Vertriebene lebten anfangs in rasch eingerich-

Kinderspielplatz im Flüchtlingslager Freiburg-Betzenhausen, aufgenommen 1953.

teten Notunterkünften mit lediglich Dachpappe über dem Kopf, in ausrangierten Eisenbahnwaggons, Fabrikhallen, in Kellern oder gar in früheren Lagern für Zwangsarbeiter oder KZ-Häftlinge. Neben den drei großen Durchgangslagern in Weinsberg, Ludwigsburg und Ulm gab es noch im Jahr 1953 weitere 110 kleinere Lager in Baden-Württemberg, in denen mehr als 120 000 Menschen provisorisch und unter schlechten Bedingungen untergebracht waren. Für diese Behausungen kreierte der Volksmund rasch Bezeichnungen wie »Kleinkorea«, »Nissensiedlungen« oder »Batschkahütten«.

Immer öfter kam es zu Zwangseinweisungen in bestehenden Wohnraum der Alteingesessenen und damit zur konfliktträchtigen Überschneidung familiärer Lebenssphären. Rasch kursierten in Gebetsform gehaltene Schmähverse, die nicht nur das Konfliktpotenzial, sondern auch die kulturellen und konfessionellen Abwehrreaktionen deutlich machten, weil die überwiegend katholischen Heimatvertriebenen die konfessionellen Verhältnisse im Südwesten durcheinanderwirbelten wie seit dem Dreißigjährigen Krieg nicht mehr. In Ostwürttemberg wurden beispielsweise Flugblätter mit den folgenden Versen verteilt:

> »Herrgott im Himmel, sieh unsere Not,
> wir Bauern haben kein Fett und kein Brot.
> Flüchtlinge fressen sich dick und fett
> Und stehlen uns unser letztes Bett.
> Wir verhungern und leiden große Pein,
> Herrgott, schick das Gesindel heim.
> Schick sie zurück in die Tschechoslowakei,
> Herrgott, mach uns von dem Gesindel frei.
> Sie haben keinen Glauben und keinen Namen,
> die dreimal Verfluchten, in Ewigkeit Amen.«

Am 13. April 1949 kommentierte die Rhein-Neckar-Zeitung in Heidelberg:

> »Die Flüchtlinge sind grundsätzlich schmutzig. Sie sind grundsätzlich primitiv, ja sind sogar grundsätzlich unehrlich. Dass sie faul sind, versteht sich am Rande und dass sie lieber

einen braven Einheimischen betrügen, als ihm eine Arbeit abzunehmen. Ganz abgesehen davon, dass sie das streitsüchtigste Volk sind, das in unseren Gassen und Gässchen einher läuft. Und einen Dank für das, was man ihnen tut, kennen sie nicht. Das ist es, was man in 90 von 100 Unterhaltungen über Flüchtlinge zu hören bekommt.«

Die Politik hielt dagegen: Theodor Eschenburg, zu jener Zeit Flüchtlingskommissar in Württemberg-Hohenzollern, formulierte in einem Schreiben an die eingesessene Bevölkerung:

»Die Ausgewiesenen kommen aus einem fremden Lande, ihre Lebensgewohnheiten und ihre Auffassungen sind anders als die unseren, ihre Kleidung ist eine andere und die Art ihres Kochens, manche ihrer Arbeitsmethoden weichen von den unseren ab. Ihr Dialekt ist anders als der unsere. [...] Was euch fremd erscheint, ist deswegen nicht schlecht und verurteilenswert.«

Auch von einer Obergrenze war übrigens damals nichts zu hören, eher von der Forderung nach gerechter Verteilung. Der damalige Ministerpräsident Reinhold Maier (FDP) betonte 1946, dass Menschenreichtum nie eine Last sein könne. Das war eine Art »Wir schaffen das!«, denn Maier wusste, dass die Flüchtlinge zum Aufbau und zur ökonomischen Dynamik des Landes beitragen würden.

Dennoch: Die kulturellen Konflikte und Stigmatisierungen konnten nur langsam abgeschliffen werden. Besonders die Verbindung mit Alteingesessenen durch Heirat blieb die Ausnahme. Besonders im ländlichen Raum galt es noch lange Zeit als geradezu skandalös, wenn beispielsweise ein katholisches Flüchtlingskind ins evangelische Dorf »einheiratete«. Erste Integrationsansätze beim Heiratsverhalten sind erst in den späten 1960er Jahren wahrnehmbar. Weitere Integrationsbarrieren wirkten sich aus. Zwar gelang den Heimatvertriebenen recht rasch die Teilhabe am expandierenden Konsumgütermarkt, noch lange aber bestanden deutliche Unterschiede bei der Vermögenssubstanz. So dauerte es trotz Lastenausgleich und anderer sozialpolitischer Maßnahmen lange, bis die

Fasnachtsumzug Ende der 1940er Jahre im badischen Lahr. Die Abneigung gegenüber den »Neubürgern« wird hier deutlich zum Ausdruck gebracht.

Vertriebenen und ihre Nachfahren zum Beispiel die Wohneigentümerquote der »Altbürger« erreichten.

Kurzum: Auch der Südwesten war keinesfalls das »Musterländle« der Vertriebenenintegration. Aber bei allen Schwierigkeiten, Vorbehalten und Integrationsdefiziten ist die Eingliederung der Heimatvertriebenen – gemessen an den Faktoren, anhand derer wir heute die Integration von nichtdeutschen Migranten bewerten – gut gelungen, wenn auch nicht so rasch und reibungslos, wie vielfach verlautbart wurde. Alles in allem können wir jedoch auf den Erfahrungen von damals aufbauen und Schlüsse für die heutigen Herausforderungen in der Integrationspolitik ziehen.

Zwei positive Dinge bleiben besonders festzuhalten. Zugespitzt könnte man sagen, dass ohne die Heimatvertriebenen das Bundesland Baden-Württemberg gar nicht gegründet worden wäre, denn in der Volksabstimmung 1952 entschieden sie sich mehrheitlich für den Zusammenschluss der früher eigenständigen Länder Baden und Württemberg. Sie waren damit, wie es der Tübinger Migrationsforscher Mathias Beer herausgearbeitet hat, das »Zünglein an der

Waage«. Zweitens: Baden-Württemberg ist das einzige Bundesland, das sich in seiner Landesverfassung zum unveräußerlichen Menschenrecht auf Heimat bekennt. Der entsprechende Artikel 2 kam vor allem auf Druck der damaligen Heimatvertriebenenverbände in die Verfassung von 1953. Man kann das als historisch bedingte Formulierung oder als wohlfeile Absichtserklärung abtun, aber die heutigen Flüchtlinge sind ebenfalls Heimatvertriebene.

Spätaussiedler – lange Zeit die stärkste Einwanderergruppe

Welche migrationspolitischen Folgen der Fall des Eisernen Vorhangs und der Zerfall der einstigen Sowjetunion hatten, zeigt unter anderem die Einwanderung von Spätaussiedlern. Sie hat die deutsche Migrationsgeschichte nachhaltig mitgeprägt. Seit den 1950er Jahren nahm die Bundesrepublik Aussiedler auf. Sie waren Nachfahren der Deutschen, die seit dem 17. Jahrhundert aus der schieren Not heraus ihre Heimat verlassen hatten, um sich meist als Bauern und Handwerker in Ostmittel-, Ost- und Südosteuropa anzusiedeln. Dort lebten sie als deutsche Minderheiten und pflegten ihre Sprache, Kultur und Religion in einer in aller Regel friedlichen Koexistenz mit der Bevölkerung in Rumänien, Ungarn, Polen oder Russland. Vor allem der Zweite Weltkrieg beendete dieses Zusammenleben. Die deutschen Minderheiten mussten nun Ausgrenzung, Unterdrückung, Vertreibung oder Zwangseinbürgerung erleben. Da die Ausreisehürden in den Ländern des sowjetischen Machtbereichs hoch waren, kamen von 1950 bis 1989 nur knapp zwei Millionen der Deutschstämmigen vorwiegend aus Polen und Rumänien in die Bundesrepublik. Hier fühlte man ihnen gegenüber eine besondere historische und moralische Verpflichtung und nahm sie auf Grund ihres Kriegsfolgenschicksals und im Rahmen des Bundesvertriebenengesetzes von 1953 als deutsche Bürger mit allen Rechten und Pflichten auf. Diese Form der Einwanderung verlief bis Ende der 1980er Jahre weitgehend still und problemlos.

Als im Zuge der politischen Öffnung und schließlich des Zerfalls der Sowjetunion die Ausreisebedingungen für die deutschen Min-

Im Februar 2004 besucht Bundespräsident Johannes Rau die mittelbadische Stadt Lahr und informiert sich über die Probleme von Spätaussiedlern. In ihrer Integration sieht er eine »Generationenaufgabe«.

derheiten gelockert wurden, kam es zu einem deutlich stärkeren Zuzug der Deutschstämmigen, die nun nach dem Kriegsfolgenbereinigungsgesetz von 1993 Spätaussiedler genannt wurden. Seit 1990 kamen nochmals mehr als 2,5 Millionen von ihnen in die Bundesrepublik, vorwiegend aus der ehemaligen Sowjetunion. Allein im Spitzenjahr 1990 waren es etwa 400 000. Nun wurden sie zunehmend als Problemgruppe wahrgenommen, nicht nur, weil sie oftmals schlecht oder gar kein Deutsch sprachen, sondern auch wegen ihrer mangelnden Integration in Sachen Bildungssystem, Arbeits- und Wohnungsmarkt. Besonders durch die Einführung von Deutschtests als Aufnahmekriterium sind die Zahlen seit 2005 deutlich zurückgegangen. Zum Teil ist aber inzwischen einfach das Nachzugspotenzial erschöpft.

Auch in Baden-Württemberg sind die Spätaussiedler eine der größten Zuwanderergruppen. Seit der Gründung des Bundeslandes im Jahr 1952 sind rund 470 000 Menschen aus Ost- und Südost-europa nach Südwestdeutschland gekommen, vor allem aus der Tsche-choslowakei und Ungarn, später aus Polen und Rumänien. Seit Beginn der 1990er Jahre waren es zumeist »Russlanddeutsche«, die an der Spitze der Zuwanderungsstatistik standen. Mit rund 93 000 Personen markierte das Jahr 1990 auch hier den Höhepunkt. Dabei entstanden in Baden-Württemberg einzelne Hochburgen von Spätaussiedlern wie etwa in Lahr. Als dort 1994 die kanadischen Streitkräfte abzogen und Tausende Wohnungen leer standen, wur-den rund 10 000 Russlanddeutsche angesiedelt, die etwa ein Viertel der Stadtbevölkerung ausmachten. Lange Zeit galt das Viertel als sozialer Brennpunkt, aber heute sprechen Experten bei der Integra-tion der Spätaussiedler eher von einer Erfolgsgeschichte.

Was aber versteht diese Einwanderungsgruppe eigentlich selbst unter Integration? Diese Frage wird bei der Migration insgesamt selten gestellt. Meistens werden die Ziele aus der Aufnahmegesell-schaft heraus definiert, nach dem Motto: »Die haben sich anzupas-sen!« Aber Integration ist keine Einbahnstraße, sondern ein Prozess, an dem beide Seiten beteiligt sind. Irene Tröster, selbst als Deutsche in Kasachstan geboren und in Baden-Württemberg aufgewachsen, wurde mit einer Forschungsarbeit über Russlanddeutsche promo-viert. Sie hat die Integrationserfolge und -probleme dieser Einwan-derungsgruppe untersucht und danach gefragt, was die Aussiedler selbst unter Integration verstehen. Unter den befragten Russland-deutschen konnte sie dabei drei Integrationsziele ermitteln: Das erste Integrationsziel »Zurechtkommen« bedeutet das Wiedererlan-gen von Eigenständigkeit. Als integriert gilt demnach, wer über all-tagstaugliche Deutschkenntnisse verfügt, eine Wohnung hat, selbst für seinen Lebensunterhalt sorgen kann und über so viel Alltags-kompetenz verfügt, dass er sein Leben ohne fremde Hilfe meistern kann. Das zweite Integrationsziel »Mithalten« bezieht die Aufnahme-gesellschaft stärker ein. Eigenständigkeit allein reicht demnach nicht aus. Integriert sei ein Migrant erst dann, wenn er in ausgewählten Lebensbereichen, beispielsweise im Beruf, das Niveau der Aufnahme-gesellschaft erreicht hat, also »mithalten« beziehungsweise gleich-berechtigt »teilhaben« kann. Das dritte Integrationsziel »Gleichen« kommt dem Integrationsverständnis in den Medien und der Öffentlichkeit sehr nahe. Die Russlanddeutschen, die dieses Ziel anstreben, tun dies aus der Erkenntnis heraus, »dass sie in Deutschland nicht als Deutsche akzeptiert werden, solange ihnen ihre Herkunft anzumerken ist«. Sie meinen, Gleichwertigkeit könne man nur durch Angleichung erreichen.

Russlanddeutsche lassen sich – so das Ergebnis der Untersuchung von Irene Tröster – von einem anderen Integrationsverständnis leiten als die Aufnahmegesellschaft:

> »Der Hauptunterschied liegt in der Beurteilung der Bedeutung sozialer Kontakte zu Einheimischen. Während Russlanddeutsche sich diese zwar häufig wünschen, sie jedoch nicht für unerlässlich halten, wird soziale Separation in der öffentlichen Diskussion als einer der Hauptindikatoren misslungener Integration bezeichnet. Das von der Aufnahmegesellschaft vehement geforderte Aufgehen von Migranten in der deutschen Gesellschaft strebt ein Teil der Russlanddeutschen zwar an, schafft es jedoch nicht.«

Die Integration der Spätaussiedler verlief nicht immer problemlos, aber heute gelten sie als eine der am besten integrierten Migrantengruppen in Deutschland. Experten gehen davon aus, dass man sie in Deutschland in ein oder zwei Generationen gar nicht mehr als Zuwanderergruppe wahrnehmen wird. Immer wieder tauchen die Spätaussiedler dann aber doch in den Medien auf, zuletzt etwa 2016, als manche von ihnen – aufgehetzt durch russische Medien und rechtspopulistische Parteien in Deutschland – gegen Flüchtlinge demonstrierten und offensichtlich zu einem nicht unerheblichen Teil die »Alternative für Deutschland« (AfD) wählten. Auch in der Spätaussiedler-Hochburg Lahr gingen sie gegen die Flüchtlingspolitik auf die Straßen, und in Bezirken mit hohem Spätaussiedleranteil bekamen die Rechtspopulisten bis zu 38 Prozent. Experten meinen, darin drücke sich zum einen ihre konservative Grundhaltung mit »sehr klaren Ordnungsvorstellungen« aus. Während sie früher aus Dankbarkeit Helmut Kohl wählten, vermissten sie nun aber die konservativen Werte in der CDU und wählten AfD. Zum anderen aber führe die Zuwanderung neuer Migrantengruppen bei den Russlanddeutschen zu einer Verunsicherung und zu Ängsten vor der eigenen Zukunft, was wiederum zur Abwertung und Abwehr der derzeitigen Flüchtlinge beitrage.

Glaubensflüchtlinge früherer Zeit

In fast allen Epochen der Geschichte hat der deutsche Südwesten Erfahrungen mit Migrantengruppen gewonnen, die hier Schutz und Aufnahme suchten. Die Reformation und die Konfessionalisierung der Politik haben seit dem 16. Jahrhundert Flucht und Vertreibung aus Glaubensgründen zu einer gesamteuropäischen Erscheinung gemacht. Der Drang nach freier Religionsausübung wurde damit zu einem häufigen Migrationsmotiv – immer wieder auch gepaart mit ökonomischen Beweggründen. Gerade die kleinräumigen Herrschafts- und damit die disparaten Konfessionsverhältnisse im deutschen Südwesten führten dazu, dass zahlreiche Menschen aus Glaubensgründen zuwanderten.

Mit der Festschreibung des Gleichheitsgrundsatzes von Luthertum und Katholizismus im Heiligen Römischen Reich deutscher Nation (Augsburger Religionsfrieden 1555) und wegen seiner aufnahmefähigen Population wurde das Reich zu einem attraktiven Zielland für verfolgte religiöse Minderheiten aus ganz Europa. Dabei waren die Zuwanderer in aller Regel höchst willkommen: Nach den Verheerungen des Dreißigjährigen Krieges waren weite Landstriche verödet oder ökonomisch rückständig. Hier profitierte man nun vom Knowhow und dem innovativen Impuls der Glaubensflüchtlinge aus weiter entwickelten Ländern. In zahlreichen Regionen wurden die Zuwanderer als »frühmoderne Entwicklungshelfer« heimisch und förderten dort einen nachhaltigen Modernisierungsschub. Die Migranten waren nicht nur »Bevölkerungsmasse«, sondern sie brachten begehrtes Wissen, Arbeitskraft und Innovationspotenzial mit. Der Migrationsforscher Klaus J. Bade spricht deshalb auch von einem »konfessionsbedingten Technologietransfer«.

Die Eingliederung der Migranten verlief in aller Regel in zwei Phasen. Einer meist befristeten Autonomiephase mit weitreichenden religiös-kulturellen und nicht zuletzt auch steuerlichen Privilegien folgte meist eine zweite Phase mit einem stärkeren Assimilationsdruck. Daraus ergab sich entweder die »stille Integration« der Migrantengruppen – oder aber ihr Weiterwandern in einem Prozess der »Sekundärmigration« in andere attraktive Zielgebiete. Von der Vielzahl der Migrantengruppen seien hier die so genannten Exulanten, also protestantische Glaubensflüchtlinge, die Refugiés, also Calvinisten und Hugenotten, sowie die Waldenser exemplarisch behandelt.

Exulanten

Im Zuge der gegenreformatorischen Katholisierungspolitik hatten im 16. und 17. Jahrhundert Protestanten aus den habsburgischen und den benachbarten katholischen Herrschaften Zuflucht in den protestantischen Reichsstädten und Territorien in Südwestdeutschland gesucht. Das Herzogtum Württemberg war dabei ein besonders beliebtes Zielgebiet, weil es geschlossen protestantisch und geografisch nahe gelegen war. Eines der berühmtesten Beispiele ist die Gründung

Das Gemälde von Karl Göser aus dem Jahr 1839 zeigt den Abschied der evangelischen Zillertaler Christen im Jahr 1731.

von Freudenstadt im Schwarzwald. Ende des 16. Jahrhunderts von Wilhelm I. von Württemberg und seinem »schwäbischen Leonardo« Heinrich Schickhardt als Residenz und »Idealstadt« konzipiert, fehlte lediglich noch die Bevölkerung. Mit günstigen Bedingungen wie guten Arbeitsmöglichkeiten und einer mehrjährigen Steuerbefreiung wurden Glaubensflüchtlinge aus Kärnten, Krain und aus der Steiermark eingeladen. Sie stellten bald die Mehrheit der Neubürger – und Freudenstadt wurde trotz Rückschlägen durch die Pest zu einem Zentrum von Handel und Handwerk.

Nach dem Dreißigjährigen Krieg wurden Glaubensflüchtlinge zum Massenphänomen. Die heimische Bevölkerung in Südwestdeutschland war drastisch reduziert, teilweise bis auf ein Drittel der Bevölkerungszahl der Vorkriegszeit. Ganze Landstriche zwischen Rhein, Neckar und Bodensee waren als Hauptschauplätze eines gesamteuropäischen Krieges und seiner nachfolgenden Religions- und Erbfolgekriege verheert und lagen brach. Durch die massive Zuwanderung konnte der dramatische Bevölkerungsverlust bis zur Mitte des 18. Jahrhunderts ausgeglichen werden. »Wirtschaftsflüchtlinge« – vornehmlich aus der Schweiz, aber auch solche »papistischer Religion« aus Österreich – sowie protestantische Glaubensflüchtlinge aus Österreich und Slowenien zogen in die verödeten Dörfer in Baden, Württemberg und in der Pfalz. Dort trugen sie zum wirtschaftlichen und kulturellen Wiederaufschwung bei – und zahlreiche Familien haben dort eine Geschichte mit »exulantischer« Herkunft.

»Welsche«: Hugenotten und Waldenser

Ohne nach geografischer Herkunft, Sprache und Kultur weiter zu differenzieren, waren »welsche Dörfer« solche Ortschaften, die von Flüchtlingen aus dem romanischen Sprachraum – also aus Italien, Savoyen, der Schweiz oder Frankreich – gegründet worden waren oder die zumindest »Welsche« aufgenommen hatten. Dabei sind die beiden Gruppen der Hugenotten und Waldenser von besonderem Interesse. An ihnen lassen sich in diesem Zeitalter der Immigration beispielhaft Integrationserfolge und -strategien aufzeigen. Die Eingliederung dieser Glaubensflüchtlinge war dabei problematischer als die der Österreicher, schon allein wegen der Sprachbarrieren und der bewusst gepflegten kulturellen Autonomie der »Welschen«.

Der Kupferstich aus dem Jahr 1699 zeigt die Verbrennung von zwei Walden-serfrauen im Stil der Hexenverbrennung als katholische Zwangsmaßnahme gegen die Glaubensminderheit.

Konfessionell bedingte Migration von französischen Flüchtlingen nach Deutschland gab es bereits seit dem letzten Drittel des 16. Jahrhunderts. Um 1560 hatte sich die Bezeichnung Hugenotten für alle französischen Anhänger der Lehren Luthers und vor allem Calvins durchgesetzt, die einer lange anhaltenden Welle von Diskriminierung und Verfolgung ausgesetzt waren. Die traurigen Höhepunkte bildeten dabei die Pariser »Bartholomäusnacht« (23. 8. 1572) und die Aufhebung des Toleranzediktes von Nantes (1685). In der Folge flüchteten mehr als 250 000 Hugenotten in alle Welt, annähernd 50 000 davon nach Deutschland, wo sie als »Handwerker der Aufklärung« und als Angehörige einer hoch entwickelten Kulturnation maßgeblichen Anteil besonders am Aufstieg von Brandenburg-Preußen hatten. In Berlin stellten um 1700 die hugenottischen Glaubensflüchtlinge etwa ein Drittel der Bevölkerung. Die Ziele der Refugiés

Zwei junge Waldenserinnen, aufgenommen 1949 in einer der südwestdeutschen Waldensergemeinden.

im Südwesten lagen überwiegend in der Pfalz (ca. 3500), in Württemberg (ca. 3000) und in der protestantischen Herrschaft Baden-Durlach.

Die besondere Neigung der reformierten Glaubensanhänger zur unternehmerischen Betätigung bedeutete einen massiven Modernisierungsschub, der sich besonders in kriegszerstörten Städten wie Mannheim, Frankenthal oder Pforzheim bemerkbar machte und sie zu einer ersten frühindustriellen Blüte brachte. Die Muster der beiderseitigen Integrationsstrategien wiederholten sich: In der ersten Phase einer raschen Abfolge von »Hugenottenprivilegien« wurden weitgehende rechtliche, konfessionelle und wirtschaftliche Privilegien gewährt. Aber die Zugezogenen stießen auch auf Ablehnung, Sozialneid und auf die Existenzängste der alteingesessenen und in Zünften organisierten Handwerker. In einer zweiten Phase erfolgte dann entweder die rasche Integration der Geflüchteten zu verlässlichen Untertanen der jeweiligen Landesherren oder aber die weitere Binnenmigration in städtische Wirtschaftszentren. Denn auf Dauer gelang den »Gastgebern« die dauerhafte Bindung der Eingewanderten mit ihrer ausgesprochen dynamischen Wirtschaftsmentalität und ihren Handelskontakten über ganz Europa hinweg nur, wenn sie angemessene Betätigungsfelder zur Verfügung stellen konnten. Ein großer Teil der ursprünglich in Südwestdeutschland angekommenen »Pioniere der Industrie« zog deshalb weiter in Gewerbe- und Handelszentren wie Frankfurt oder Hamburg, bevorzugt aber nach Brandenburg-Preußen.

Auch die Waldenser waren protestantische Glaubensflüchtlinge. Sie hatten sich in piemontesische Bergtäler an der Grenze zu Savoyen zurückgezogen und wurden von dort Ende des 17. Jahrhunderts vertrieben. Zwischen 1699 und 1701 wurden in Südwestdeutschland etwas mehr als 3000 waldensische »Seelen« gezählt, angesiedelt oftmals in eigenen Ortsgründungen, die in der nördlichen, östlichen und südlichen Umgebung von Pforzheim lagen und deren klingender Name noch heute an die romanischsprachige Minderheit erinnert: Pinache, Perouse, Serres, Groß- und Kleinvillars, Corres oder Sengach. Aber auch Gemeinden wie Neuhengstett (ursprünglich Le Bourcet) und Nordhausen (bei Heilbronn gelegen) sind ehemalige Ortsgründungen und »Kolonien« der waldensischen Glaubensminderheit.

Die Waldenser sprachen mit dem so genannten Patois eine frankoprovenzalische Sprache, was sie von den meist nordfranzösischen Hugenotten unterschied. Auch waren sie in aller Regel nicht frühindustriell-handwerklich tätig, sondern landwirtschaftlich, was den Bodenneid der Einheimischen schürte. Hinzu kamen Bräuche und abergläubische Elemente, die bei den Einheimischen auf Befremden stießen. Ganz uneigennützig war die Ansiedlung durch den Herzog von Württemberg aber nicht, denn schließlich kultivierten die neuen Siedler in Württemberg einen grenznahen Landstrich, in dem noch immer zerstörte Dörfer und brachliegende Äcker vorherrschten. Die Waldenser genossen hier einen Status zwischen Autonomie, Integration und Assimilationsdruck. Als Untertanen huldigten sie den württembergischen Landesherren, im Gegenzug erhielten sie die volle Gleichstellung mit den Alteingesessenen. Man wies ihnen Bauplätze zu, Wald und Ackerland, gewährte ihnen mehrjährige Steuerfreiheit und weitgehende religiös-kulturelle Autonomie. Die Waldenser bildeten eine eigene Synode, durften in ihren Gemeinden den Pfarrer selber bestimmen – und sie predigten, beteten und unterrichteten in ihrer okzitanischen Sprache.

Mit dem modernen Verwaltungsstaat der nachnapoleonischen Zeit endete die kulturelle Autonomie der Waldenser. 1823 wurden ihre Gemeinden zwangsweise der lutherischen Landeskirche Württembergs eingegliedert, ihre Sprache wurde in Gottesdienst und Unterricht verboten. Allerdings hatten sich bei der zweiten Generation der Glaubensflüchtlinge bereits deutliche Integrationsschritte gezeigt: Zurückdrängung der Muttersprache und Mischehen mit Alteingesessenen. Ende des 19. Jahrhunderts kamen Forscher zu dem Ergebnis, dass bei den Waldensern nur noch vereinzelt althergebrachte Bräuche geübt würden. Auch das Patois war kaum mehr zu finden; 1930 soll die letzte aktive Sprecherin in Württemberg gestorben sein. Bestehen blieb die Innovationsleistung der Waldenser beispielsweise durch die Einführung verschiedener Nutz- und Nährpflanzen im Land, etwa beim Tabakanbau oder bei der Kultivierung von Luzerne und Kartoffel. Von zeitgenössischen Beobachtern wurde immer wieder auch der »Ameisenfleiß« der Waldenser betont. Ein hoher württembergischer Beamter fasste um 1890 zusammen:

»Der Waldenser steht an Befähigung seinem deutschen Nachbarn in keiner Weise nach und übertrifft ihn auch heute noch in einer gewissen Beweglichkeit und Raschheit seines Handelns. Die Okzitanier überhaupt sind durchweg ein begabter Stamm, und es darf nicht vergessen werden, dass ein beträchtlicher Teil unserer geistigen Bildung den Heimatlanden der Troubadours zu verdanken ist.«

Sinti und Roma

»Sinti und Roma gehören seit über 600 Jahren zur Geschichte und Kultur des heutigen Landes Baden-Württemberg. Der Völkermord an ihnen wurde erst beschämend spät anerkannt.« Mit diesen Worten ging der Landtagsabgeordnete Arnulf Freiherr von Eyb (CDU) im Dezember 2018 bei der Debatte im Landtag über das Gesetz zum Vertrag mit dem Landesverband Deutscher Sinti und Roma auf ein Thema ein, das lange Zeit in Vergessenheit geraten war. In Baden-Württemberg und Schleswig-Holstein werden Sinti und Roma als nationale Minderheiten anerkannt, die bei der Bewahrung ihrer Sprache und Kultur unterstützt werden sollen.

Während des NS-Unrechtsregimes und seines Rassenwahns wurden »Zigeuner« als »rassisch minderwertig« verfolgt und ermordet, schätzungsweise eine halbe Million Sinti und Roma kamen dabei ums Leben. Das Romanes-Wort »Porajmos« (»Verschlingen«) steht für den NS-Völkermord an den ziganischen Volksgruppen. Nach 1945 setzte sich rassistisches Denken in staatlichen Einrichtungen wie Polizei, Justiz und Gesundheitswesen fort. Eine »Wiedergutmachung« für die Verfolgung von Sinti und Roma durch die Nationalsozialisten wurde immer wieder verhindert. Der Bundesgerichtshof (BGH) in Karlsruhe wies 1956 die Ansprüche einer Überlebenden ab, indem ihre Deportation als »Umsiedlung« gewertet wurde, die keine nationalsozialistische Gewaltmaßnahme im Sinne des Bundesentschädigungsgesetzes darstelle. In der Urteilsbegründung heißt es:

> »Die Zigeuner neigen, wie die Erfahrung zeigt, zu Kriminalität, besonders zu Diebstählen und Betrügereien. Es fehlen ihnen vielfach die sittlichen Antriebe zur Achtung vor fremdem Eigentum, weil ihnen wie primitiven Urmenschen ein ungehemmter Okkupationstrieb eigen ist.«

Die von den Nationalsozialisten betriebene Ausgrenzungs- und Umsiedlungspolitik der »Zigeuner« sei nicht »rassisch« motiviert gewesen, sondern eine damals »übliche polizeiliche Präventivmaßnahme« zur »Bekämpfung der Zigeunerplage«. Bei einem Besuch des Dokumentationszentrums der Sinti und Roma in Heidelberg im März

2015 sagte die BGH-Präsidentin Bettina Limpberg, man könne sich für diese Rechtsprechung nur schämen. Viele Sinti und Roma wurden zudem in den 1950er und 1960er Jahren ausgebürgert oder es wurde ihnen die deutsche Staatsbürgerschaft, die ihnen von den Nationalsozialisten entzogen worden war, nicht zurückgegeben. In Bayern schränkten die Kriminalpolizei und vor allem die so genannte Landfahrerordnung wesentliche Grundrechte der Sinti und Roma ein.

Aus einer Bürgerrechtsbewegung dieser Gruppe heraus gründete sich 1982 der Zentralrat Deutscher Sinti und Roma mit Sitz in Heidelberg. Im selben Jahr erkannte Bundeskanzler Helmut Schmidt den NS-Völkermord an den Sinti und Roma in Deutschland zum ersten Mal offiziell an. Genaue Zahlen über die in Europa und in Deutschland lebenden Roma und Sinti gibt es nicht. Die Bundesregierung spricht von 60 000 deutschen Sinti und 10 000 deutschen Roma. In Europa wird die Zahl der Roma auf acht bis zwölf Millionen ge-

Am 1. September 1981 besetzen Aktivisten der Sinti und Roma, darunter auch Überlebende des NS-Völkermords, das Tübinger Universitätsarchiv. Sie fordern Unterlagen zur Verfolgung und Ermordung ihrer Gruppe, die hier archiviert worden sind. Die öffentlichkeitswirksame Protestaktion war ein wichtiger Schritt der sich formierenden Bürgerrechtsbewegung der Sinti und Roma.

schätzt. Je nachdem, wie die Schätzung ausfällt, wären sie damit die größte ethnische Minderheit in Europa.

In allen Ländern Europas gelten die Sinti und Roma nach Meinungsumfragen als die unbeliebteste Minderheit. Antiziganismus – Vorurteile, negative Stereotype gegenüber Sinti und Roma – ist immer noch weit verbreitet. Mit der Osterweiterung der Europäischen Union wurden rund fünf Millionen Roma neue EU-Bürger. Roma aus Rumänien oder Bulgarien wanderten in der Folge auch nach Deutschland ein, wo eine Minderheit von ihnen in Großstädten zu Problemfällen wurde. Ängste vor einer »Armutszuwanderung« und vor »Sozialtourismus« beherrschten die Stimmung in Deutschland. Obwohl Städte wie Mannheim oder Duisburg immer noch finanziell mit der schulischen oder sozialen Versorgung der Roma-Kinder belastet sind, wurde es inzwischen still um diese Befürchtungen. Noch Anfang 2014 hatte die CSU beispielsweise vor einem fortgesetzten Missbrauch der europäischen Freizügigkeitsrechte durch Armutszuwanderung gewarnt, die die Kommunen an die Grenzen der finanziellen Leistungsfähigkeit bringe. In der Landtagsdebatte um den Staatsvertrag zwischen dem Land und den deutschen Sinti und Roma sagte Ministerpräsident Winfried Kretschmann im Dezember 2018:

> »Sinti und Roma sind die am meisten diskriminierte Minderheit in Europa. Es ist wichtig, jene Kräfte zu stärken, die sich schützend vor angegriffene Minderheiten in ganz Europa stellen. Es ist unsere Aufgabe und Teil unserer historischen Verantwortung zu ermitteln, wie wir europäische Institutionen dabei unterstützen können, ihre Verantwortung für Minderheiten stärker wahrzunehmen, und wie wir noch stärkeren Minderheitenschutz in Europa errichten können.«

Die Bürgerrechtsbewegung der Sinti und Roma kämpft weiter gegen das Vergessen und für das Erinnern. Sie hat beispielsweise erreicht, dass 1995 gegen anfängliche Widerstände eine Gedenktafel am Bahnhof von Asperg eingeweiht wurde, die an die erste große Deportation im Mai 1940 erinnert.

ARBEITSMIGRATION

Schon wegen seiner zentralen Lage in Mitteleuropa war der deutsche Südwesten schon immer von Wanderungsbewegungen geprägt. Ob Händler, Wanderprediger, Kirmesleute oder Kesselflicker, ob Handwerksgesellen »auf der Walz« oder Knechte und Mägde auf Arbeitssuche – die Beispiele der Wanderprofessionen zeigen, dass auch die Gesellschaften früherer Epochen oftmals mobiler waren, als es unserer gängigen Vorstellung entspricht. Das Reisen und die Erfahrung der Fremde waren den Menschen in allen Zeiten wohlvertraut. Migration und Mobilität sind also keinesfalls nur Phänomene der Moderne.

Ohne die Bauhandwerker aus dem Alpenraum oder die italienischen Künstler, die als »Arbeitswanderer« nördlich der Alpen ihr Geld verdienten, wären beispielsweise die deutsche Kunst-, Architektur- und Musikgeschichte des Barock und Rokoko nicht denkbar. Ohne die transalpine Arbeitsmigration der Architekten, Maler, Stuckateure, Steinmetze und Bildhauer wären Schlossanlagen wie Schwetzingen, Ludwigsburg oder Rastatt nicht vorstellbar, und ohne die oft abwertend als »Citronen«- oder »Pomeranzenhändler« bezeichneten Kaufleute aus Norditalien wäre der südwestdeutsche Raum nicht frühzeitig schon durch »Spezereiwaren« wie Südfrüchte und Gewürze bereichert worden. Diese frühen »Arbeitsmigranten« agierten innerhalb von transkulturellen Beziehungsnetzen. Migration bedeutete damit – wie auch heute – kulturellen Austausch und Bereicherung sowie Transfer von Wissen und Technologien.

Im 19. und 20. Jahrhundert zeigten sich neuartige Migrationsbewegungen. Zum zentralen Kennzeichen wurde nun die staatliche Einflussnahme auf die Wanderungen. In immer stärkerem Maße unterstützte, lenkte oder begrenzte staatliche Intervention nun die

Migranten. Aber nur wenige soziale Prozesse haben die europäischen Gesellschaften so stark verändert wie die Wanderungsbewegungen, die mit der Industrialisierung einsetzten. Mit dem schrittweisen Übergang vom Agrar- zum Industriestaat vollzog sich der fundamentale Wandel Deutschlands vom Auswanderungsland zum »Arbeitereinfuhrland« (Klaus J. Bade). Industrialisierung, Urbanisierung und Agrarmodernisierung veränderten die überkommenen Arbeitswanderungssysteme. Neue und dynamische industriell-urbane Zentren boten attraktive Erwerbsmöglichkeiten, so dass es besonders zur massenweisen Land-Stadt-Wanderung kam, deren Ziel die Verbesserung der ökonomischen und sozialen Chancen der Binnenmigranten war. Im Südwesten Deutschlands verlief dieser Prozess – analog zur Industrialisierung – mit großen regionalen Unterschieden.

Die Arbeitswanderung der »Schwabenkinder« war eine Form der saisonalen Kinderarbeit im bäuerlichen Umfeld. Einer der zentralen »Hütekindermärkte« fand in Friedrichshafen statt, hier eine Aufnahme um 1900 vor dem Gasthaus »Zum Rad«.

Die Mehrheit der Binnenwanderer, die große Strecken überwanden, waren – meist ledige – junge Männer. Bei der Nahwanderung hingegen waren die Frauen stark vertreten, die großenteils in der Hausarbeit oder in der landwirtschaftlichen Hofarbeit unterkamen. Lange standen sie im Schatten der männlich dominierten Migrationsforschung, schon weil sie weniger schriftliche Quellen hinterlassen haben und weil sie nach ihrer Ausbildungszeit und anschließender Heirat meist unbezahlte Hausarbeit in der Familie leisteten. Selbst Kinder mussten im 19. Jahrhundert aus einzelnen armen Abwanderungsgebieten zu entfernt gelegenen Arbeitsmärkten wandern. Das prominenteste Beispiel sind sicherlich die »Hütekinder« aus Tirol, Vorarlberg und Graubünden, die schon seit dem 17. Jahrhundert im Frühjahr teils mehr als zweihundert Kilometer über die Alpenpässe nach Oberschwaben und ins Allgäu wanderten. Die sechs- bis fünfzehnjährigen Jungen und Mädchen wurden auf den »Hütekindermärkten« in Friedrichshafen, Ravensburg und anderen oberschwäbischen Marktorten an Bauern vermittelt, auf deren Höfen sie über den Sommer das Vieh hüteten und im Stall oder Haushalt arbeiteten. Im Herbst kehrten die »Schwabenkinder«, wie sie in ihrer Heimat genannt wurden, frisch eingekleidet und mit etwas Bargeld versehen in ihre Heimatorte zurück. Im 19. Jahrhundert erlebte das »Schwabengehen« seinen Höhepunkt, bevor es mit dem Ersten Weltkrieg an Bedeutung verlor.

Zu der Binnenwanderung, die allenfalls naheliegende Grenzregionen mit einschloss, trat eine grenzüberschreitende Arbeitswanderung im großen Stil hinzu, ausgelöst durch eine gezielte, arbeitsmarktpolitisch motivierte Anwerbung von ausländischen Arbeitskräften. Wer sich mit den »Gastarbeitern« der »Wirtschaftswunderzeit« nach 1950 befasst, wird zu deren historischen Vorläufern bemerkenswerte Traditions- und Kontinuitätslinien entdecken.

Mit der Hochindustrialisierung begann eine der migrationsintensivsten Perioden in der deutschen Geschichte. Die Einwanderungsgesellschaft wurde zu einer der großen sozialen Innovationen – und Deutschland gleich nach den USA zum zweitwichtigsten Zuwanderungsland der Welt. Zu betonen ist allerdings, dass noch bis weit über die Mitte des 19. Jahrhunderts hinaus die Auswanderung aus Deutschland ein wichtiges Mittel zur Druckminderung sozialer

In einer Auswanderungsbaracke warten Familien mit zahlreichen Kindern 1892 auf das Einschiffen zur Überfahrt in die USA.

Probleme und politischer Konflikte war. Sie hatte begonnen mit der »trockenen« grenzüberschreitenden Fernwanderung in die Siedlungsgebiete Ost-, Ostmittel- und Südosteuropas im 17. und 18. Jahrhundert, wandelte sich dann aber im 19. Jahrhundert zur »nassen« transatlantischen Massenauswanderung. Etwa 90 Prozent der Auswanderer steuerten nun die USA an. Meist gingen Pioniermigranten voran, vermittelten ihr Amerikabild in die Heimat und setzen so eine »Kettenwanderung« in Gang, in deren Folge sich die bereits bestehenden deutschen Siedlungsgebiete besonders im »German Belt« im Mittleren Westen der USA rasch vergrößerten.

Vor allem in der frühen Phase bis in die Mitte des 19. Jahrhunderts stellten Menschen aus Süd- und Südwestdeutschland den größten Anteil unter den USA-Wanderern. Höhepunkte waren die Krisenjahre 1816/17, 1832/33, 1847/48 und 1852 bis 1854. Innerhalb weniger Jahre verließen rund zehn Prozent der Bevölkerung des Großherzogtums Baden und über 20 Prozent der Bevölkerung des

Königreichs Württemberg aus purer Not ihre Heimat. Auf das heutige Deutschland umgerechnet, wären das über 16 Millionen Menschen. Weil in der Fremde die innerdeutsche landsmannschaftliche Unterscheidung nur wenig Beachtung fand, wurden die deutschen (und deutschsprachigen) Auswanderer generalisierend »Palatines« (»Pfälzer«) genannt.

Die Motive der Auswanderer überlappten sich. In erster Linie waren es Armuts- oder »Wirtschaftsflüchtlinge«, wie man sie heute bezeichnen würde. Viele der Auswanderer waren aber auch Religionsflüchtlinge oder politisch motivierte Exilanten. Sie alle sahen in den USA mit reichlich billigem Land, einer dynamischen ökonomischen Entwicklung und einer republikanisch-demokratischen Verfassung das »Land der unbegrenzten Möglichkeiten«. Die rein politisch motivierten Auswanderer waren in aller Regel Oppositionelle im Vormärz, Aktivisten der Revolution von 1848/49 (»Fourty-Eighters«) wie der Badener Friedrich Hecker, oder Sozialdemokraten, die der Bismarck'schen Sozialistenhatz entwichen. Sie bildeten andere Auswandererkarrieren und Integrationsmuster aus als die breite Masse der Bauern und Handwerker. Viele von ihnen scheiterten mit ihren Vorstellungen auch im Land des »American Dream«, aber ihre oft gespielte Rolle als »Ethnic Leaders« innerhalb der deutsch-amerikanischen Community und ihre Vorreiterrolle für das Vereinsleben, in den kirchlichen Organisationen, im Pressewesen oder in den politischen Parteien ist nicht zu unterschätzen.

Gleichzeitig wird man auch nicht vergessen dürfen, dass sich besonders seit den 1870er Jahren die Rückwanderung aus den USA verstärkte. Zwischen der Reichsgründung 1871 und dem Ausbruch des Ersten Weltkriegs kehrten bis zu 20 Prozent der deutschsprachigen Amerika-Auswanderer nach wenigen Jahren wieder zurück. Sie waren also nicht Auswanderer im klassischen Sinne, sondern eher »Gastarbeiter«, die im Ausland gearbeitet hatten und den »Ruhestand« in der Heimat verbrachten. In den Augen der deutschen Behörden galten sie oft als »gescheiterte Existenzen«, dabei waren sie – als Ausdruck der Moderne – einfach nur äußerst mobil. Anfang der 1890er Jahre stürzten die Auswandererzahlen dann jäh ab. Die Hochindustrialisierung machte Deutschland nun zum Standort mit besserer ökonomischer Perspektive. Die Wirtschaftskrise in den USA in den Jahren von 1890 bis etwa 1896 tat ihr Übriges. Vollständig zum Erliegen kam die transatlantische Auswanderung aber nie.

Gewiss, es gab zahlreiche Erfolgsgeschichten von deutschen Auswanderern im »Land der unbegrenzten Möglichkeiten«, wie etwa die des aus Benningen am Neckar stammenden Gottlieb Storz, der in Amerika mit deutschem Bier reich wurde, oder die des in Ludwigsburg geborenen Karl Christian Friedrich Pfizer, der in den USA zum »Vater der chemischen Industrie« wurde. Aber es gab auch viele Deutsche, die in den USA nicht so leicht heimisch wurden. Als in der Mitte des 18. Jahrhunderts ein Drittel der Bevölkerung von Pennsylvanien aus Deutschen bestand und noch viele Einwanderer unterwegs waren, sprach man von einem »deutschen Problem« in Amerika. Benjamin Franklin, der den Blitzableiter erfand und vor allem 1776 die amerikanische Unabhängigkeitserklärung unterzeichnete, schrieb:

> »Warum sollte Pennsylvania, das von Engländern gegründet wurde, eine Kolonie von Fremden werden, die in Kürze so zahlreich sein werden, dass sie uns germanisieren, anstatt dass wir sie anglisieren?«

Ein Freund unterbreitete Franklin damals Vorschläge, um eine Überfremdung der englischen Kolonie zu vermeiden. Franklin erwiderte:

> »Dein erster Vorschlag, englische Schulen unter den Deutschen zu etablieren, ist ausgezeichnet. [...] Falls sie die englische Schulbildung umsonst haben können, werden sie nicht für deutsche Schulen bezahlen, so sehr sie ihre Sprache lieben. Den sechsten Vorschlag, Mischehen zwischen den Angloamerikanern und den Deutschen mittels Geldspenden zu fördern, halte ich entweder für zu teuer oder für aussichtslos. Die deutschen Frauen sind im Allgemeinen so wenig anziehend für einen Engländer, dass es enorme Mitgift erfordern würde, Engländer anzuregen, sie zu heiraten. Der siebte Vorschlag, keine Deutschen mehr nach Pennsylvania zu schicken, ist ein guter Vorschlag. Diejenigen, die schon hier sind, werden dies unterstützen.«

So weit einer der Gründungsväter der Vereinigten Staaten von Amerika. Rückblickend hatten die deutschen Auswanderer mit den gleichen Problemen und Schwierigkeiten zu kämpfen wie alle Einwanderer – auch wie die heutigen in Deutschland.

Ein weiterer kleiner Abstecher in die deutsche Auswanderergeschichte mag die Ähnlichkeiten belegen. In der Mitte des 19. Jahrhunderts lebten etwa 120 000 eingewanderte Deutsche in New York, die meisten davon in »Kleindeutschland«. New York war damals eine der größten deutschsprachigen Städte der Welt, in der allein vier deutsche Tageszeitungen erschienen. Ein Chronist – der schwäbische Pfarrer und Schriftsteller Carl Theodor Griesinger – schrieb damals:

> »Es geht aber echt zu im Deutschländle, so deutsch, wie in Deutschland selbst. Der Bäcker ist so gut deutsch wie der Metzger, und der Metzger so gut wie der Apotheker. Allerdings sind es lauter Kleingeschäfte, die allda getrieben werden, allein kein einziges befindet sich in anderen Händen, als in deutschen. Nicht bloß der Schuhmacher, der Schneider, nicht bloß der Rasierer und der Doktor, nicht bloß der Krämer und der Wirt, nein, auch der Pfarrer ist hier deutsch, und damit dem Deutschtum die Krone aufgesetzt werde, trifft man sogar eine deutsche Leihbibliothek da. Wer also in Kleindeutschland wohnt, braucht keine Silbe englisch zu verstehen und kommt doch fort.«

Dies beschreibt die deutsche »Parallelgesellschaft« in den USA des 19. Jahrhunderts. Das Beispiel zeigt auch hier, dass Integration Zeit braucht und dass Zuwanderer zunächst gerne unter ihren Landsleuten bleiben, die einem Sicherheit geben und in der Fremde weiterhelfen. Deshalb sollten solche Communities nicht gleich als »Ghettos« abgetan werden. Oftmals sind sie ein Sprungbrett in die Aufnahmegesellschaft.

Die beiden Weltkriege des 20. Jahrhunderts haben die Erinnerung an die Intensität der deutschen Überseewanderung in die USA in den Hintergrund rücken lassen. Was dennoch bleibt, sind – gerade auch für den Südwesten – Städtenamen, die es auf Grund der Auswanderung von Deutschen doppelt gibt. So liegt Stuttgart nicht nur am Nesenbach, sondern eben auch am Highway 79, südöstlich von Little Rock im Bundesstaat Arkansas. Gegründet wurde es 1878 von Adam Bürkle aus Plattenhardt, der damit seiner Heimat gedachte. Dopplungen gibt es auch für Heidelberg (Mississippi), Heilbronn (Florida), Karlsruhe (North Dakota) oder Ulm (Arkansas). Dass es den Städtenamen Freiburg in den USA gleich mehrmals gibt, verwundert kaum, denn der Name war schließlich Programm der Auswanderer und Ausdruck ihrer Hoffnungen auf ein besseres Leben.

Dass der Wunsch, ein neues, freies und auskömmliches Leben zu führen, auch in einer Katastrophe enden konnte, zeigt das Beispiel des Post- und Frachtschiffes »Powhattan«, ein Fall, den der Historiker Torsten Schöll aufgearbeitet hat. Rund 360 deutsche Auswanderer, darunter viele aus Württemberg und Baden, ertranken im April 1854 nur rund hundert Meter vor der Küste von New Jersey. Nach

Auf dem Friedhof von Smithville erinnert ein Schild an die 54 im April 1854 ertrunkenen Flüchtlinge aus Südwestdeutschland.

einer sechswöchigen Schiffsreise, organisiert von einer Auswanderungsagentur, geriet die »Powhattan« in einen furchtbaren Sturm und brach auseinander. Über eine Distanz von dreißig Kilometern hinweg wurden die Leichen entlang der Küste verteilt, wo noch heute auf den Friedhöfen Massengräber an die Katastrophe erinnern. In der kleinen Ortschaft Smithville beispielsweise weist eine Tafel darauf hin, dass hier »54 deutsche Immigranten« begraben liegen, die das Schiffsunglück nicht überlebten. In mancherlei Hinsicht denkt man dabei an die heutigen Flüchtlingskatastrophen im Mittelmeer. An ihre Opfer erinnert zum Beispiel in Bremen eine 2018 enthüllte Bronzeskulptur als Mahnmal.

Transalpini – Vorgänger der italienischen »Gastarbeiter«

Die wohl bekanntesten Arbeitsmigranten in der Phase der Hochindustrialisierung in Deutschland sind die so genannten Ruhrpolen. Innerhalb Deutschlands war und blieb das Ruhrgebiet der stärkste Magnet für wanderungswillige Arbeitskräfte. Die industrielle Erschließung der Bergbauregionen setzte hauptsächlich eine Ost-West-Wanderung aus den östlichen preußischen Provinzen in Gang, die zu Polen gehört hatten, bevor das Land geteilt wurde. Ziele waren vor allem Berlin und das rheinisch-westfälische Industrierevier. Bis 1914 wanderten annähernd eine halbe Million meist Polnisch oder Masurisch sprechender preußischer Staatsbürger ins Ruhrgebiet.

Diesen Ruhrpolen im rheinisch-westfälischen Industriegebiet entsprachen die italienischen Arbeitsmigranten im deutschen Südwesten. Die »Chinesen Europas« wurden sie zeitgenössisch auch genannt, weil sie als geschickt und fleißig, belastbar und sozialpolitisch »ruhig« galten. In der offiziellen Amtsprache hießen sie »ausländische Wanderarbeiter«, denn sie kamen zumeist nur saisonal und kehrten in steter Regelmäßigkeit wieder nach Hause zurück, wenn die Auftragsbücher der deutschen Arbeitgeber leer waren oder der Winter vor der Tür stand. Weil sie von jenseits der Alpen kamen, wurden sie auch Transalpini genannt. Sie waren billige, aber in ihrem Metier höchst erfahrene Arbeitskräfte.

In der Erinnerungskultur Baden-Württembergs ist kaum verankert, dass es zwischen der frühen transalpinen Wanderung im 17. und 18. Jahrhundert und der ersten Generation der »Gastarbeiter« in der »Wirtschaftswunderzeit« der 1950er und 1960er Jahre bereits eine ausgeprägte Tradition der massenweisen transalpinen Arbeitswanderung gegeben hat. Sie setzte mit der Industrialisierung in den 1860er Jahren ein und wurde erst durch den Ersten Weltkrieg unterbrochen. Vor allem für die lang anhaltende Aufschwungphase der Hochindustrialisierung (etwa 1895 bis 1914) gilt das, was dann erneut in der Boomphase der deutschen Wirtschaft zwischen Währungsreform (1948) und erster Ölkrise (1973) zu beobachten war: In einer von den Zeitgenossen als beispiellos wahrgenommenen wirtschaftlichen Dynamik suchte die Wirtschaft händeringend nach Arbeitskräften – und beide Male griff sie auf ausländische Arbeitsmigranten zurück. Beide Male lag deren Anteil an den Erwerbstätigen bei etwa sechs bis acht Prozent.

Neben der industriellen Revolution wirkte die Verkehrsrevolution durch die Eisenbahn schon wörtlich bahnbrechend. In großer Zahl, schnell und relativ preisgünstig konnten die italienischen Arbeiter die Alpen überqueren, nachdem 1867 am Brennerpass die erste Bahnlinie über die Alpen eröffnet worden war. Auch der Eisenbahnbau selbst wirkte wie ein Magnet auf die Transalpini: »Wo immer in Deutschland an einer Eisenbahnlinie gebaut wird, kann man sicher sein, Italiener in großen Mengen zu finden«, hieß es in einer Untersuchung zum Eisenbahnbau im Jahr 1911.

Nachdem es schon lange üblich gewesen war, italienische Facharbeiter für bestimmte Bauvorhaben heranzuziehen, wurde ihr Arbeitseinsatz nun zum Massenphänomen. In der südwestdeutschen Landwirtschaft waren sie kaum anzutreffen. Hier dominierten die noch billigeren Arbeitsmigranten aus Galizien, Ungarn, Polen, Böhmen und anderen osteuropäischen Regionen. Die Transalpini hingegen waren vorwiegend im Bergbau und im Hüttenwesen, in der Industrie der Steine und Erden, im Baugewerbe und in der Textilindustrie zu finden. Bedeutend war ihr Einsatz darüber hinaus bei öffentlichen Großprojekten im Eisenbahn-, Straßen-, Tunnel- und Wasserleitungsbau. Hier waren ihre speziellen Fertigkeiten gefragt, die sie sich bei ähnlichen Projekten in den nördlichen

Regionen Italiens und in der italienischen Schweiz angeeignet hatten. Arbeitsmigration bedeutete auch hier Wissens- und Technologietransfer. Etwas zugespitzt könnte man auch sagen, dass die vielbesungene Schwäbische Eisenbahn, einer der zentralen Faktoren der Industrialisierung im Südwesten, vor allem von Italienern gebaut worden ist.

Die Transalpini waren echte Saisonarbeiter, die in aller Regel nur über den Sommer ins Land kamen und über den Winter in ihre Heimat zurückkehrten. Meist vergaben die deutschen Unternehmer ganze Aufträge – etwa den Bau einer Eisenbahnlinie – an einen italienischen Zwischenmeister (»capo«), der sich über die Wintermonate in Italien seine »squadra« für die nächste Arbeitssaison zusammensuchte. Die Vor- und Nachteile dieses »Zwischenmeistersystems« als früher Form des modernen Subunternehmertums liegen auf der Hand: Die deutschen Auftraggeber mussten nicht direkt mit den italienischen Arbeitern verhandeln und waren auch nicht für deren oft miserable Arbeits- und Lebensbedingungen verantwortlich zu machen. Für Kost und Logis hatte der »capo« zu sorgen. Die Italiener wiederum waren gern gesehene Arbeitskräfte, die sich gegenüber den Forderungen der deutschen Gewerkschaften meist verschlossen zeigten. Rasch bekamen sie deshalb aus den Reihen der deutschen Arbeiterbewegung die Etiketten »Lohndrücker« und »Streikbrecher« angehängt.

Natürlich stießen die italienischen Arbeitsmigranten auch auf Vorbehalte in der einheimischen Bevölkerung. Im Gemeinderatsprotokoll des kleinen badischen Ortes Oberflockenbach bei Weinheim an der Bergstraße, wo zwischen 1885 und 1914 über 200 italienische Steinhauer gemeldet waren, hieß es im Oktober 1895 gar, man finde »bereits keinen Unterschied mehr, ob die Gemeinde noch zu Baden oder zu Italien« gehöre. Und weiter hieß es, es seien schon »viele unangenehme Sachen durch diese fremden Leute dahier hervorgerufen worden, was jedenfalls nicht der Fall gewesen wäre, wenn derartige fremde Leute dahier nicht wohnen würden«.

Über diese kulturellen und alltagsweltlichen Probleme hinaus verschweigen die Akten der Gewerbeaufsichtsämter auch andere Schwierigkeiten nicht: kurze Aufenthaltszeiten, häufiger Stellenwechsel, Sprachbarrieren, die gesonderte Unterbringung der Arbeiter in

Verlegung einer Wasserleitung durch »Transalpini« in der Ravensburger Marktstraße, aufgenommen 1895.

Beim Bau der Hohenzollerischen Landesbahn – hier 1901 bei Bronnen – wurde ebenfalls auf die Transalpini zurückgegriffen. Allein im damaligen Oberamt Sigmaringen waren zweitweise über tausend italienische Arbeitsmigranten beschäftigt.

Massenquartieren, die schlechten Arbeits- und Lebensbedingungen und die dadurch verursachten Krankheiten. Dennoch waren die Transalpini bei den deutschen Arbeitgebern geschätzt. In diesem »Goldenen Zeitalter« der freien Arbeitswanderung ging das behördliche Laisser-faire sogar so weit, dass italienische Arbeitsmigranten bis zum Ersten Weltkrieg freien Zugang zum deutschen Arbeitsmarkt hatten und für die Grenzüberquerung in das Deutsche Reich noch nicht einmal einen Pass brauchten. Bis zum Ersten Weltkrieg blieben die italienischen Arbeitsmigranten in ihrer übergroßen Mehrheit hochmobil und auf ihre Herkunftsgebiete ausgerichtet. Nur wenige der überwiegend jungen Männer und auch der Frauen, die vor allem in der Textilindustrie gefragt waren, beschritten den

Weg der Sesshaftwerdung und Integration, der vornehmlich über die Heirat mit Einheimischen verlief.

Die italienischen Arbeitskräfte aus der Zeit vor 1914 sind keinesfalls isoliert von der späteren Arbeitswanderung der »Wirtschaftswunderzeit« zu sehen. Ganz im Gegenteil, sie bildeten gewissermaßen den Brückenkopf für die Arbeitsmigranten der 1950er und 1960er Jahre, die eng mit dem älteren Arbeitsmigrationssystem verflochten waren. Denn in der »Gastarbeiterzeit« wurde an die gemachten Erfahrungen angeknüpft. Besonders die deutsche Seite glaubte lange, man könne die Zahl der Arbeitsmigranten erneut nach konjunkturellen Zyklen steuern. Auch Instrumente wie das Rotationsprinzip oder die staatliche Rückkehrförderung fußten letztlich auf den Erfahrungen mit der staatlichen Regelungsstruktur in der Zeit der Hochindustrialisierung. Kurzum: Das Bild, das sich die Deutschen der »Wirtschaftswunderzeit« von den »Fremdarbeitern« machten, stammte auch aus dem 19. Jahrhundert. Erst vor dem Erfahrungshorizont der frühen Arbeitsmigration werden die ausländerpolitischen Grundlagen der Bundesrepublik verständlich. Darüber hinaus wurde das Bild der »Gastarbeiter« lange Jahre noch von den ausländischen »Zivilarbeitern« geprägt, die während des »Dritten Reiches« in Deutschland mit Gewalt zur Arbeit gezwungen wurden.

Die Geschichte der »Gastarbeiter«

Die Diskussion über die aktuellen Fluchtbewegungen und die gesamtgesellschaftlichen Anstrengungen zur Betreuung und Integration der Flüchtlinge haben in den letzten Jahren von den »Gastarbeitern« und ihren Kindern und Enkeln abgelenkt. Die klassische Arbeitsmigration ist aus dem Fokus von Politik und Medien gedrängt worden – und das völlig zu Unrecht, denn trotz aller Erfolge stehen auch hier noch wichtige Fragen auf der Agenda.

Die Anwerbung von Arbeitsmigranten nach dem Zweiten Weltkrieg begann im Südwesten bereits deutlich vor dem ersten Anwerbeabkommen mit Italien im Jahr 1955. Bereits am 13. Juni 1953 kam der junge Priester Battista Mutti zur Betreuung seiner Landsleute nach Stuttgart. Unmittelbar nach dem Zweiten Weltkrieg hatte sich die italienische Gemeinde durch ehemalige Gefangene, Ziegelarbeiter aus Frankreich oder Stoffhändler vergrößert. Don Mutti traf katastrophale Wohnverhältnisse an:

>»In der Nähe des Lindenmuseums hörte ich das Stöhnen eines Kindes. Eine Blechhütte mit einem Pappdach war zu sehen, kaum zwei Quadratmeter groß. Da heraus kam das Stöhnen. Eine solche Enge habe ich nicht einmal in den Favelas in Rio erlebt. Auch hier lebte ein Italiener mit Frau und Kind. In Cannstatt, nahe am Römerkastell, treffe ich eine Familie mit elf Kindern in einem Raum. Eine Misere. Der Vater kämpft um das Überleben. In der Ziegelei in Fellbach, eine Familie, die Kinder sprechen Schwäbisch, die Eltern Friaulisch. Ich selbst habe sie nicht verstanden. Die Eltern und die Kinder untereinander auch nicht viel mehr. Sie halfen sich mit Gesten. Für die Eltern brachte der Tag oft 16 Stunden Arbeitszeit. Da gab es keine Lust mehr, Deutsch zu lernen.«

Zunächst mit dem Motorrad, dann mit einem Fiat 500 »Topolino« machte sich der Priester auf die Suche nach Landsleuten. In Mannheim-Sandhofen, in Karlsruhe oder Todtmoos fand er sie. Alle klagten sie über Heimweh. Die Katholische Mission in Stuttgart verteilte deshalb später eine italienische Zeitung. Italienische Schwestern aus Tübingen erteilten sogar Unterricht in der Muttersprache, denn viele mussten – so absurd es klingt – zunächst einmal richtig Italienisch lernen.

Don Mutti erinnert sich an erste Versuche noch vor dem Anwerbeabkommen, italienische Arbeitskräfte nach Baden-Württemberg zu bringen. Der damalige italienische Konsul holte 250 Leute aus dem Friaul, die einzeln auf Bauernhöfe in der Gegend von Ulm und Geislingen vermittelt wurden. »Die Leute kamen ohne jegliche Sprachkenntnis, Arbeitszeit oft bis 16 Stunden täglich, auch am Sonntag. Nach zwei Monaten kehrten sie alle wieder ins Friaul zurück«, erinnert sich der Priester. Er konnte miterleben, wie sich dann der erste offizielle Sonderzug mit italienischen Arbeitskräften aus Verona nach Stuttgart auf den Weg machte. Immer wieder traf er auf Menschen wie Otto Uhlig, Direktor des Arbeitsamtes Stuttgart, der sich für die italienischen Arbeitskräfte einsetzte und eines der ersten Bücher über »Gastarbeiter« schrieb. Auch hat er in guter Erinnerung behalten, wie Adalbert Seifritz, damals Präsident des Landesarbeitsamtes, bei einem Treffen mit dem Präsidenten der Bundesanstalt für Arbeitsvermittlung in Nürnberg mit einem Faustschlag auf den Tisch in die Runde rief: »Vergessen Sie nicht, diese Arbeitskräfte sind Menschen!«

»Gastarbeiter« auf den Bauernhöfen

Es ist kaum noch bekannt, dass die Ausländerbeschäftigung nach dem Zweiten Weltkrieg auch auf den Bauernhöfen in Baden-Württemberg begonnen hat. Erich Straub hat diese Zeit miterlebt. Er arbeitete damals auf einem Bauernhof in Bermaringen auf der Schwäbischen Alb. Später wurde er Ortsvorsteher und Vorsitzender des Kreisbauernverbandes Ulm. »Wir waren damals in der Zeit der so genannten Landflucht«, erinnert er sich. Und weiter:

> »Wir hatten auf der Landwirtschaft keine Arbeitskräfte mehr. Die eigenen Söhne und Töchter sind immer mehr abgewandert in die Stadt. Haben Arbeit gesucht, wo man mehr verdienen kann, und die Betriebe waren noch sehr arbeitsintensiv ausgerichtet – wir brauchten also Leute für die Handarbeit. Und da hat man uns die Italiener empfohlen.«

Die Behörden waren damals von diesen ersten Versuchen des Bauernverbandes Württemberg-Baden, so wie in der Schweiz Saisonarbeiter für ein halbes Jahr ins Land zu locken, gar nicht begeistert. Landesarbeitsamt, Arbeitsministerium, aber auch die Gewerkschaften hatten Bedenken. Jährlich meldeten die Bauernverbände in der ersten Hälfte der 1950er Jahre einen Fehlbedarf von bis zu 100 000 Arbeitskräften an, während immer noch im Durchschnitt dieser Jahre über eine Million Arbeitslose registriert waren. Freiwillig war damals aber kaum ein Arbeitsloser bereit, zu den kargen Lohnbedingungen in der Landwirtschaft zu arbeiten. Ungeregelte Arbeitszeiten, Arbeit bei Wind und Wetter, oft an Sonn- und Feiertagen, sowie ein schlechtes Berufsimage schreckten die meisten von den Höfen ab. Obwohl die Bauernverbände immer wieder auf ihr

Anfang der 1950er Jahre werden italienische Landarbeiter bei der Ankunft am Ulmer Bahnhof vom ihrem Konsul Alberto Iozzi begrüßt.

Problem aufmerksam machten und ein staatliches Anwerbeabkommen forderten, blieben die Behörden bei ihrer Ablehnung.

Karl Lutterbeck vom Bauernverband Württemberg-Baden machte sich deshalb auf eigene Faust auf nach Oberitalien, um die ersten Landarbeiter zu holen. Die Behörden drückten bei diesen allerersten zaghaften Anwerbeversuchen ohne staatliche Vereinbarung ein Auge zu. Somit waren die allerersten »Gastarbeiter« nichts anderes als – wie man heute sagen würde – »Illegale«, die von den Behörden toleriert wurden. Erst bei der dritten Fahrt, bei der man den italienischen Vizekonsul aus Freiburg mitnahm, gelang es, die Sache perfekt zu machen. Im Arbeitsamt in Udine sammelten sich 600 Bewerber, die nach Deutschland wollten. Daraus suchten sich die Vertreter des Bauernverbandes etwa 300 Arbeitswillige aus. Karl Lutterbeck schildert die Auslese so:

> »Da saßen wir an einem Tisch, so wie bei einer Musterungskommission, und die defilierten dann also an uns vorbei. Und dann haben wir sie uns nach der Größe, nach der Stärke, nach Körperbau angeguckt. Manchmal haben wir uns auch die Hände zeigen lassen, ob sie auch möglichst große Hände und feste Schwielen an den Fingern haben. Daraus meinten wir zu sehen, dass er also das Arbeiten gewöhnt ist. Ab und zu guckte man einem dieser Italiener in den Mund, um festzustellen, ob auch seine Zähne einigermaßen in Ordnung sind!«

So wurden die Landarbeiter ausgewählt und kamen 1955 nach Stuttgart, wo ihre Bauern sie am Bahnhof in Empfang nahmen.

Spaghetti vom Landesarbeitsamt

Die »Deutsche Kommission«, eine Verbindungsstelle der Bundesanstalt für Arbeitsvermittlung, begann nach Inkrafttreten des Anwerbeabkommens ihre Tätigkeit zunächst in Mailand und zog später nach Verona um. Dort entstand in einer Kaserne das Centro di Emigrazione. Der damalige Personalchef einer Ludwigsburger Firma stellte in Verona fest: »Hier geht es zu wie auf einem Viehmarkt.« Alles war darauf ausgerichtet, so schnell wie möglich die angeforderte Zahl der Arbeitskräfte zu vermitteln.

Über die neuen Arbeiter in Deutschland berichtete die Heilbronner Stimme am 30. Oktober 1959:

>Italiener schaufeln und singen auf der Allee. Etwa 900 Fremd-arbeiter sind zurzeit im Stadt- und Landkreis beschäftigt. Die Arbeitgeber sind zufrieden. Seit einiger Zeit dringen hin und wieder in der Stadt italienische Gesänge an unser Ohr. Sie stammen von italienischen Fremdarbeitern, die an den ver-schiedenen Großbaustellen beschäftigt sind und die ihre Arbeit ab und zu durch Gesang begleiten. Sogar der Regen stört sie dabei nicht. [...] Italiener kochen am liebsten selbst und lassen sich sogar oft noch die Spaghetti aus Italien kom-men. [...] Die hiesigen Arbeitgeber konnten sich mit den Fremdarbeitern bis jetzt schnell einigen, und viele Betriebe wollen jetzt im Winterhalbjahr Unterkünfte bauen, um später noch mehr Fremdarbeiter einstellen zu können.«

In ihren Koffern brachten die »Gastarbeiter« oftmals ihren Proviant mit, vor allem ihre Pasta, die sie sich in ihren Unterkünften zuberei-teten, zum Erstaunen der Einheimischen. Denn kaum zu glauben,

Blick in den Wohnwagen italienischer »Gastarbeiter«, aufgenommen 1960.

aber wahr: In den 1950er Jahren waren Spaghetti in Deutschland noch unbekannt. Inzwischen sind ganze Generationen damit aufgewachsen. Spaghetti bolognese ist nach einer Umfrage längst zum Lieblingsgericht der Deutschen geworden. Aber auch Mozzarella, Basilikum, Cappuccino, Auberginen oder Zucchini galt es damals noch zu entdecken.

Bei der Beschäftigung und Verköstigung der italienischen Arbeitskräfte bereitete deshalb in den frühen »Gastarbeiterjahren« das Essen so seine Schwierigkeiten. Schwäbischer Most und Backsteinkäse waren eine ungewohnte Kost für die Italiener. Don Battista Mutti besuchte einst mit einem Vertreter des Arbeitsamtes einen Landwirt auf einem Hof bei Künzelsau, »wie üblich wegen Schwierigkeiten mit einem Italiener«. Die erste Frage war gleich: »Wie ist es mit der Verköstigung?« Die Antwort des Bauern: »Das Beste, was wir haben: Blutwurst und Kraut.« Darauf die beiden aus Stuttgart: »Oh heidenei! Spaghetti müssen Sie machen. Spaghetti!« Der Bauer: »Spaghetti kenne ich nicht. Aber schicken Sie mir ein Pfund Samen, ich werde sie anbauen.«

Das Landesarbeitsamt Baden-Württemberg gab 1960 sogar eine Pressemitteilung mit »Ratschlägen für die Zubereitung von Speisen nach italienischer Art« heraus. Darin heißt es:

> »Der Italiener liebt im allgemeinen keine flüssigen und dünnen Soßen, insbesondere keine Mehlsoßen. Zu Teigwaren, die nicht zu weich gekocht werden sollten, gibt man Tomatensoße. […] Der Italiener ist nicht gewohnt, Obstsäfte (Most) zu trinken; zum Essen trinkt er mit Vorliebe Wein und Wasser, während des Tages und abends auch Milch.«

Ergänzend hielt das Landesarbeitsamt 1960 fest:

> »Im allgemeinen sind die Italiener anspruchslos, was die Verpflegung anbelangt. Aus Genügsamkeit neigen sie dazu, auf Fleisch zu verzichten. Lediglich Teigwaren ohne Fleischzugabe sind aber nicht als ausreichende Mahlzeit anzusehen. Es sollte deshalb darauf geachtet werden, dass sich die Italiener so kräftig ernähren, dass sie als Arbeitskräfte leis-

tungsfähig bleiben; die negativen Beobachtungen der Krankenhausärzte sprechen sehr dafür. Es wird empfohlen, den Italienern bei der Beschaffung ihrer Lebensmittel behilflich zu sein und hierbei Vergünstigungen wie z. B. durch den Einkauf im Großhandel in Anspruch zu nehmen.«

Wenn Don Mutti zurückdenkt, dann waren die größten Probleme der »Gastarbeiter« das ständige Heimweh und die schlechte Unterbringung:

»Baracken mit 45 Leuten in einem Raum. Nur wenige Kochgelegenheiten. Schlangestehen vor dem Herd, Überstunden, Schichtarbeit in Hoch- und Tiefbau, Lärm, Radio, Rauchen. Das Schlimmste waren die Unterbringungen in Bunkern, zum Beispiel bei der Firma Bosch am Löwentor in Stuttgart. Zu Hause lebten diese Menschen an der Sonne, hier im Grab!«

1956 eröffnete die Katholische Mission ihre erste Sozialbetreuungsstelle. Der erste italienische Verein Circolo Italiano wurde gegründet, damit sich die Landsleute zunächst in Gasthäusern, dann in Gemeindesälen treffen konnten. Die Säle waren überfüllt, es wurde Musik gemacht und gesungen. Bei größeren Veranstaltungen stellten Firmen sogar Busse zur Verfügung. Unermüdlich setzte sich der junge Priester für seine Italiener ein. So konnte er den damaligen Stuttgarter Oberbürgermeister Arnulf Klett für die Einrichtung eines Centro Italiano gewinnen, das am 24. November 1960 eingeweiht wurde. Obwohl für rund tausend Personen ausgerichtet, reichte der Platz aber bald schon nicht mehr aus. Die Helfer im Centro waren oft hilflos:

»Eine Fülle von Problemen überflutet unsere Betreuungsarbeit. In den meisten Fällen können wir nichts anderes tun, als die Leute einfach anzuhören, ein tröstendes Wort zu sagen und zu versprechen, ihnen helfen zu wollen. Im Grunde genommen können wir vielen überhaupt nicht helfen. Aber schon die Möglichkeit, sich irgendwo in der eigenen Muttersprache aussprechen zu können, wirkt Wunder.«

Unterkünfte für »Gastarbeiter« in Ulm, aufgenommen 1960.

Die Sprachprobleme wurden immer wieder als das größte Hindernis für ein Zurechtfinden in Deutschland genannt. Don Mutti konnte den damaligen Intendanten des Süddeutschen Rundfunks Hans Bausch dafür gewinnen, Hörfunksendungen für italienische Arbeitnehmer einzurichten. Diese Sendungen – später wurden auch solche für Türken, Griechen oder Spanier ausgestrahlt – waren jahrzehntelang eine wichtige Brücke zur Heimat und eine Orientierungshilfe für das Leben in Deutschland. Ein Stück Heimat brachten damals auch die Kinos in vielen Städten mit Filmen in italienischer Originalfassung in das Leben der »Gastarbeiter«. So zeigten die »Lichtspiele Mössingen« zwanzig Jahre lang Spielfilme wie »Il Mondo di Notte«, der im September 1964 den Auftakt der italienischen Filme im Original bildete. Diese Vorführungen halfen dem Kino übrigens über eine schwere Krise und bewahrten es vor der Schließung, wie der frühere Kinobesitzer Walter Schlegel bestätigte:

»Wir hatten Publikum aus Hechingen, Balingen, Rottenburg und aus Reutlingen, sogar aus Tübingen. Sie kamen von überall, ganze Familien mit Kindern und Kinderwagen, es war eine Art Familienfest.«

In der Nachbarschaft des Kinos eröffnete Carmelo Vaccaro in der Höfgasse 2 die erste Pizzeria in Mössingen und Umgebung. Im Alter von zehn Jahren 1966 von Sizilien nach Deutschland gekommen, denkt er zurück:

»Ein Bekannter von uns, der aus der gleichen Ortschaft wie wir stammt, war schon früher in Deutschland gewesen. Er kam im Urlaub zu uns und erzählte, in Deutschland ist es schön, da kannst du Geld verdienen und da bekommst du dein Kindergeld und deine ganzen Sachen kriegst du und Rentenversicherung und alles Mögliche. Und in Italien musst du arbeiten und weißt nicht einmal, ob du deinen Lohn kriegst.«

Der Weihnachtsurlaub war für viele italienische Arbeiter die Gelegenheit, nach Hause zu fahren, um wieder mit der Familie zusammen zu sein. Sonderzüge fuhren deshalb an Weihnachten und Ostern auch von Stuttgart aus nach Italien. Kurzerhand wurde von Arbeitgebern der Urlaub manchmal verlängert, ohne die Arbeitnehmer zu fragen. Am 21. Januar 1963 schrieb eine Ludwigsburger Baufirma nach Italien: »Kommen Sie bitte erst Mitte Februar zur Arbeit nach Deutschland, da es hier sehr kalt ist und nicht gearbeitet wird. Alles Gute wünscht ...«

Wenn heute beispielsweise die Stuttgarter Königstraße wieder in altem Glanz erstrahlt ist, sollte man sich auch an diejenigen erinnern, denen man es zu verdanken hat, sagt Battista Mutti, der »Gastarbeiter-Priester« der ersten Stunde:

»Die ›Einwanderer‹ haben die Baracken weggeräumt, Ruinen ausgegraben, Steine geschleppt mit Schweiß und Tränen, Unfälle beklagt, Augen, Arme und Beine, ja auch das Leben verloren. Wir sollten das nie vergessen: das haben sie für uns alle getan.«

Sonderdruck des
FILMTHEATER
Informationsblatt der Arbeitsgemeinschaft
des Wirtschaftsverbandes der Filmtheater e. V. Baden-Württemberg
und des Wirtschaftsverbandes der Filmtheater Badens e. V.

TERMIN-*Spiegel* 1963 1964

FILMISCHE BETREUUNG
AUSL. GASTARBEITER

Beratung und Programmgestaltung
mit zum Teil neuesten Produktionen

ITALIENISCH:

MIDAS-FILM GmbH 8000 München 5

Reichenbach Str. 47
Postfach 26
Telefon 22 10 27 47 18 79

Sonderfilm Ingeborg ZWICKER

6000 Frankfurt Main
Taunus Str. 52—60
Telefon 33 27 51 52

Ital. Spiel- und Gesangsfilme in
Originalfassung auch bei
    ATLAS
    AUSTRIA
    PALLAS
    NWDF-UNITAS
    WARNER BROS
(Adressen auf der letzten Seite)

NEUE FILMKUNST
Walter Kirchner
3400 Göttingen
Groner Landstraße 3
Telefon 2 28 29 · 2 44 35

SPANISCH:

SPANISCHER FILMVERLEIH

6700 Ludwigshafen Rhein
Oberstraße 18
Postfach S 115 · Telefon 6 75 12

Filme in der italienischen Originalfassung wurden in vielen Städten in den Kinos gezeigt. Die »Lichtspiele Mössingen« brachten zwanzig Jahre lang Spielfilme wie »Il Mondo di Notte«, der im September 1964 den Auftakt der italienischen Filme bildete. Nicht nur die Bahnhöfe, auch diese Film-vorführungen waren damals ein beliebter Treffpunkt für ganze italienische Familien.

Gewürdigt wurde der 1923 in Adro geborene Don Battista Mutti mit dem Prälatentitel und dem Bundesverdienstkreuz. Um die 32 000 italienische Arbeitskräfte hat er alles in allem schätzungsweise auf den Zügen von Verona, wo sie angeworben wurden, bis nach Baden-Württemberg begleitet. Unterstützt wurde er bei seiner Arbeit von der Marienschwester Klothildis Schneider, die von den »Gastarbeiterfamilien« liebevoll »Mutter der Italiener« genannt wurde. Seinen Lebensabend verbringt der legendär gewordene Don Mutti in seiner alten Heimat in Italien.

Bella Italia in Deutschland

Am 20. Dezember 1955 schloss die Bundesrepublik Deutschland mit Italien das erste bilaterale staatliche Anwerbeabkommen. Es regelte die Vermittlung italienischer Arbeitsmigranten von der Anforderung der deutschen Betriebe über die Auswahl der Bewerber bis hin zur konkreten Anreise, zur Lohnregelung und zum Familiennachzug. Revolutionär neu war solch ein Abkommen keinesfalls, denn bereits seit dem Ende des Ersten Weltkriegs hatten europäische Staaten eine gezielte Anwerbepolitik betrieben, so Frankreich 1919 mit Polen und Italien. Deutschland schloss bereits 1927 seinen ersten Anwerbevertrag mit Polen, dem weitere mit zahlreichen anderen Ländern folgten. Unterbrochen wurde diese Politik der staatlich gelenkten Arbeitsmigration durch die Herrschaft der Nationalsozialisten und ihr System der verbrecherischen Zwangsarbeit. Mit den Anwerbeabkommen der 1950er Jahre knüpfte man jedoch in der Phase der industriellen Rekonstruktion nach Krieg und Zerstörung an die früheren gesamteuropäischen Verflechtungen der Arbeitskräftewanderung an.

Grundsätzlich gab es für »Gastarbeiter« drei legale Wege, um nach Deutschland zu kommen. Erstens über die in den bilateralen Abkommen vorgesehenen Anwerbungskommissionen. Zweitens konnten ausländische Arbeitnehmer bei den deutschen Konsulaten eine Einreisegenehmigung beantragen, wenn ein Arbeitsangebot aus Deutschland vorlag. Drittens schließlich bestand die Möglichkeit, als Tourist nach Deutschland einzureisen, dort eine Arbeitsstelle zu finden und anschließend eine Arbeits- und Aufenthaltserlaubnis zu beantragen. Je mehr »Gastarbeiter« kamen, so die generelle Tendenz,

»Wohlstand für alle« hieß das berühmte Buch von Ludwig Erhard (CDU). Es war das Programm des »Wirtschaftswunders«, zu dem die »Gastarbeiter« einen wichtigen Beitrag geleistet haben. Hier der spätere Kanzler als Bundeswirtschaftsminister, der die ersten Anwerbeabkommen geschlossen hat, während einer Wahlkampfveranstaltung 1960 in der Oberschwabenhalle Ravensburg.

umso größer wurde die Bedeutung des ersten Weges, zumal ja innerhalb recht kurzer Zeit weitere Anwerbeabkommen mit Spanien und Griechenland (1960), der Türkei (1961), Marokko (1963), Portugal (1964), Tunesien (1965) und Jugoslawien (1968) folgten. Der zweite und der dritte Weg wurden hingegen zusehends eingeschränkt.

Bis 1970 stellten die Italiener die größte Gruppe der Arbeitsmigranten. Sie prägten damit nachhaltig das Bild vom »Gastarbeiter« in Deutschland. Aus Italien brachten sie Straßencafés oder Eisdielen

*Junge Italiener vor einer Eisdiele in Villingen-Schwenningen,
aufgenommen 1962.*

ins Land, und dabei gerieten sie in den touristisch eingefärbten Blick
der Deutschen. Deutschland wurde nach dem Zweiten Weltkrieg
wieder weltoffener, als »Bella Italia« zum beliebten Reiseziel wurde.
Die Italiensehnsucht schlug sich auch im Schlager nieder, in Liedern
wie »Zwei kleine Italiener« oder »Wenn bei Capri die rote Sonne ...«.
Allein 1958 reisten vier Millionen Deutsche nach Italien. Über Generationen hinweg machten sich Touristen aus Baden-Württemberg
auf nach Italien, auf die Campingplätze an der Adria, in die Hotels
und Pensionen in der Toskana oder in Kalabrien. So ist für viele das
Land, »wo die Zitronen blühn«, fast zur zweiten Heimat geworden.

Aber Klischees, Stereotype und auch Vorurteile aus den frühen
»Gastarbeiter«- und Italienjahren schwingen noch bis heute mit,
wenn es um Italiener in Deutschland und Deutsche in Italien geht.
Schon den Italienern der ersten Stunde in Deutschland schlug keines-
wegs nur Sympathie entgegen. Italiener würden »deutsche Frauen

belästigen« oder seien »Messerstecher«, hieß es nicht nur an den Stammtischen. Das erinnert fast an die heutige Zeit und die Vorurteile gegenüber Geflüchteten. Wie Italiener der ersten Jahre erzählen, trafen sie sogar auf Tanzlokale mit der Aufschrift »Lokalverbot für Italiener!«

165 Mark für einen Griechen

Bei der Deutschen Kommission in Athen mit einer Außenstelle in Thessaloniki reisten Griechen, die Arbeit in Deutschland suchten, aus dem ganzen Land an.

> »Am 8. Februar 1966 hat unser Ordner, so etwas mussten wir bei diesem Ansturm haben, sogar 233 Bewerber gezählt. Sie hatten sich dafür teilweise jahrelang beim griechischen Arbeitsamt registrieren lassen und hofften sehnsüchtig, zu uns kommen zu dürfen. Alle wollten nach ›Germania‹. Dort warteten bei einer Arbeitslosenquote von sage und schreibe 0,1 Prozent Arbeitgeber händeringend auf sie«,

berichtete Hans-Jörg Eckardt, der in dieser Zeit in Griechenland »Gastarbeiter« für Baden-Württemberg mit anwarb:

> »Damals kamen Fernschreiben unserer deutschen Firmen – auch aus dem ›Ländle‹ –, in denen es dann ganz einfach hieß: ›Bitte sofort fünf Stück Hilfsarbeiter‹.«

Im »Vermittlungsauftrag« stand dann manchmal auch einfach »ein Stück Transportarbeiter« oder »ein Stück Lagerarbeiter«. Eine andere Firma hatte geschrieben: »Wir bitten nachstehende Personen [...] umgehend in Marsch zu setzen.« Hans-Jörg Eckardt hat seine Erinnerungen als junger Mann in einem kleinen schwarzen »Büchlein« notiert. Bei einer Firma fand sich im Vertrag sogar noch der Zusatz: »Nach Arbeitsschluss kann über die Freizeit nach eigenem Ermessen verfügt werden.«

Pro angeforderter Person hatte der Arbeitgeber sofort 165 D-Mark als Gebühr für die Verwaltungskosten, die örtliche Untersuchung sowie die Anreise zu bezahlen:

»Gefragt waren lediglich Menschen mit zwei Händen und zwei Füßen, die Hebel oder Pedale bedienen oder etwas hin und her tragen konnten. Wir durften sogar Analphabeten vermitteln, die ihren Arbeitsvertrag mit drei Kreuzen unterzeichneten.«

Hans-Jörg Eckardt arbeitet seit seiner Pensionierung ehrenamtlich beim Landesseniorenrat, wo er auf alte »Gastarbeiter« trifft, die inzwischen ebenfalls im Ruhestand sind. Seine Frau hilft den Kindern seit Jahrzehnten in der Hausaufgabenbetreuung. Ganz einfach war das übrigens damals für die Eckardts nicht, als seine Bewerbung für die Arbeit bei der Anwerbekommission angenommen wurde:

»Am 13. August 1965 der Anruf aus der Zentrale in Nürnberg: Sind Sie bereit, am 1. September in Athen und Saloniki anzufangen. Natürlich! Aber es gab eine Komplikation: Die Verlobte wollte gern mit dabei sein. Im damals noch extrem sittenstrengen Griechenland hätte sie aber weder bei mir im Hotel noch gar in einer Wohnung sein dürfen. Die Folge: Wir ›mussten‹ ganz schnell heiraten, nicht wie damals üblich wegen eines sich ankündigenden Kindes, sondern wegen der Anwerbevereinbarung. Mit einer uns eingeräumten Sonderaushangfrist beim Standesamt klappte das sogar noch: Am 26. August wurde geheiratet, und am 31. August bin ich zum Einarbeiten nach Athen geflogen. Übrigens hat diese Zwangsheirat dank der Anwerbevereinbarung nun schon fast 45 Jahre gehalten. Ich verdanke der Anwerbevereinbarung also ganz viel.«

Die Auswanderung brachte Griechenland und den anderen Herkunftsländern der ausländischen Arbeitskräfte Vorteile und Nachteile. Die Migration minderte die Arbeitslosigkeit und verschaffte durch die Überweisungen der Landsleute aus dem Ausland kräftige Devisen. Auf der anderen Seite entzog die massenhafte Auswanderung den Ländern die Arbeitskräfte, die sie selbst brauchten, wie ein Sonderberater des griechischen Arbeitsministeriums in einem ausführlichen Bericht mit dem Titel »Die griechischen Arbeiter in Deutschland und ihre Probleme« bereits 1966 feststellte:

»In den Dörfern fehlen die Arbeitskräfte, um landwirtschaft-
liche Maschinen zu bedienen und die Oliven zu ernten. Wegen
des Mangels an Fachkräften entstehen auch in den verschiedenen Industriebetrieben Probleme. Noch komplizierter ist
die Situation auf dem Bausektor. Es ist sehr schwierig, Arbeitskräfte zu finden [...]. Bei Bauarbeiten auf dem Lande war
früher das Angebot an Arbeitskräften aus den benachbarten
Ortschaften groß, ja sogar überschüssig. Heute fehlen die
jungen und kräftigen Menschen, die etwas leisten können.
Die Dörfer sind inzwischen zu Altersheimen geworden.«

Der kritische Beobachter stellte allerdings nach seiner Deutschland-
reise, die ihn auch nach Baden-Württemberg führte, fest, dass eine
»Eindämmung des Auswanderungsstromes« unmöglich sei, unter
anderem »weil die Gesetze der Wirtschaft keine Einschränkungen
kennen und auch von Polizeimaßnahmen nicht beeinflusst werden
können«. Schließlich stellte der Sonderberater noch lakonisch fest:
»Außerdem neigt der Grieche aus verschiedenen Gründen immer
dazu, auszuwandern.«

»Ex-Jugoslawen« – nema problema?

Eine der größten Einwanderergruppen in Baden-Württemberg sind
die Zugewanderten aus dem früheren Jugoslawien, um die es mitt-
lerweile sehr ruhig geworden ist. Kein Problem?, in ihrer Sprache:
Nema problema? Stimmt das so? Im jugoslawischen Bürgerkrieg
Anfang der 1990er Jahre war das anders, als sehr viele Flüchtlinge
nach Baden-Württemberg kamen oder als sie dringend als Arbeitskräfte gesucht wurden.

Das Anwerbeabkommen mit der damaligen »Sozialistischen
Föderativen Republik Jugoslawien« kam erst 1968 zustande, unter
anderem deshalb, weil die jugoslawische Seite den Grundsatz aufgeben musste, dass Bürger eines sozialistischen Landes nicht in
einem kapitalistischen Land arbeiten durften. Der jugoslawische
Arbeitsmarkt geriet gerade deshalb in das Blickfeld deutscher
Arbeitgeber, weil wegen des geregelten Berufsausbildungssystems
mit Facharbeitern gerechnet wurde. Das Bundesarbeitsblatt stellte
1969 fest:

»Der deutschen Wirtschaft fehlten in besonders starkem Maße Fachkräfte und weibliche Arbeitnehmer; diese konnten in Jugoslawien in beachtlichem Umfang gewonnen werden. Viele Jugoslawen, vor allem die Bewohner der nördlichen Landesteile, haben, historisch bedingt, Kenntnisse der deutschen Sprache. Dadurch wird ihre betriebliche und allgemeine Eingewöhnung erheblich erleichtert, so dass die Betriebe gern auf jugoslawische Arbeiter zurückgreifen.«

Die Zahl der jugoslawischen Arbeitskräfte stieg nach dem Anwerbeabkommen sprunghaft an. Unter den Beschäftigten stellten sie 1970/71 sogar die stärkste Ausländergruppe. Die Jugoslawen in der Bundesrepublik galten bald als unauffällig, bescheiden und gut integriert. Die Ergebnisse von Befragungen widersprechen diesem Klischee und machen deutlich, dass die Arbeitskräfte und ihre Familien aus dem früheren Jugoslawien mit ähnlichen Problemen wie Arbeitslosigkeit oder Ausländerfeindlichkeit konfrontiert waren. Sozialarbeiter wiesen beispielsweise 1989 auf die wachsenden Probleme bei den jugoslawischen Familien in Deutschland hin. Von Suchtproblemen, insbesondere von Alkoholismus bei Jugoslawen berichteten Psychologen und Berater. Sie machten außerdem auf psychosomatische Erkrankungen und Konflikte in den Familien aufmerksam, unter denen besonders die Kinder und Jugendlichen litten. Auch ältere Arbeitnehmer aus Jugoslawien kamen zunehmend mit Gesundheits- und Rentenproblemen in die Beratungsstellen.

Als in den 1970er Jahren eine aktive Rückkehrpolitik und Diskussionen um »Belastungsgrenzen« die Schlagzeilen beherrschten, warnte beispielsweise 1974 der Wehrexperte der CSU, der Bundestagsabgeordnete Franz Handlos, davor, dass die jugoslawischen Arbeitnehmer bei einer ernsthaften Krise in ihrer Heimat zu einem Sicherheitsrisiko für die Verteidigung der Bundesrepublik werden könnten. Obwohl Jugoslawien in blutigen Kriegen zerfiel, ist dieses Schreckgespenst nicht Wirklichkeit geworden, auch wenn sich der Nationalitätenstreit hierzulande durchaus mit Spannungen zwischen Serben und Kroaten auswirkte.

Besonders die Kroatischen Katholischen Missionen spielten in Baden-Württemberg im Lauf der Jahre eine wichtige Rolle. Gottes-

Blick in den jugoslawischen Club in Stuttgart Anfang der 1990er Jahre.

dienste in kroatischer Sprache gehörten im Alltagsleben zur Selbstverständlichkeit. Regen Zulauf hatten aber auch die zahlreichen jugoslawischen Clubs, die oft eng mit den Konsulaten zusammenarbeiteten und mit den Kirchen konkurrierten, was die Einflussnahme auf die Migranten anging. Ein wichtiges Auswanderungsmotiv vor allem bei den Kroaten war die Unzufriedenheit mit der politischen Situation im eigenen Land.

Wie bei den anderen Einwanderungsnationalitäten spielen die Rücküberweisungen der jugoslawischen Arbeitskräfte seit dem Anwerbeabkommen eine bedeutende Rolle. So machten die Gelder, die die »Gastarbeiter« jährlich nach Hause überwiesen, Anfang der 1990er Jahre rund 15 Prozent des gesamten Einkommens der jugoslawischen Bevölkerung aus. Weltweit überweisen die Arbeitsmigranten jedes Jahr rund 575 Milliarden US-Dollar nach Hause. Das ist seit vielen Jahren dreimal so viel, wie weltweit staatliche Entwicklungshilfe geleistet wird. Die ausländischen Arbeitskräfte sind insgesamt eine Brücke zwischen den Herkunftsländern und Deutschland.

Baden-Württemberg und Kroatien unterhalten seit den 1970er Jahren freundschaftliche Beziehungen, die insbesondere der Landtag ausgebaut hat. Hochrangige Politiker aus Kroatien besuchten regelmäßig Baden-Württemberg. Bei einem dieser Besuche würdigte Ministerpräsident Erwin Teufel 1991 beispielsweise den Beitrag, den die in Baden-Württemberg lebenden 130 000 Kroaten zum wirtschaftlichen und sozialen Leben im Südwesten leisteten.

»Großer Bahnhof« für die Ankommenden

Die meisten »Gastarbeiter« waren auf das, was sie in Deutschland erwartete, vollkommen unvorbereitet. Ein Bericht des Centro Italiano in Stuttgart aus dem Jahr 1961 kritisierte deshalb die Arbeit der Anwerbekommissionen in Neapel und Verona. Ein großer Teil der italienischen Arbeitskräfte

> »wusste bei der Anwerbung tatsächlich nichts von der Gegend, in die er geschickt wird (Stadt, Land?), kaum etwas über Lohn, und noch weniger über die verschiedenen Lohnabzüge, Steuern und Sozialversicherung, um schon gar nicht zu sprechen über die Unterkünfte, die Arbeit selbst oder das Milieu. Diese, bei den einfachen Italienern höchst mangelhafte Aufklärung der ganzen Situation, führt dann notwendigerweise zu sofortigen Schwierigkeiten oder zum Vertragsbruch, denn diese Arbeiter bekommen schon bald den Eindruck, man hätte sie einfach wie Arbeitsmaterial angeworben und nach Deutschland verschickt.«

Ein besonders unerfreuliches Kapitel war der Mietwucher, den deutsche Vermieter gegenüber Ausländern betrieben. Man hörte von Monatsmieten von 200 Mark für ein Einzelzimmer und 300 Mark für ein Doppelzimmer, wobei der monatliche Lohn einer Arbeiterin oder eines Arbeiters zu jener Zeit rund 450 Mark betrug. Das Landesarbeitsamt stellte fest:

> »Es gibt zwar Gerichtsurteile gegen Mietwucher, aber kaum ein Ausländer wird es wagen, gerichtlich gegen seinen Vermieter vorzugehen und Obdachlosigkeit zu riskieren.«

Eine Anzeige in der Ulmer Südwest-Presse aus dem Jahr 1970 spricht für sich: »Gepflegtes, freist. Bauernhaus. […] Beste Gelegenheit für Pferdehaltung od. Gastarbeiterunterkunft«.

Junge Menschen, die aus verschiedenen Ländern zur Fortbildung nach Deutschland kamen, konnten Ähnliches erleben. Von ihnen berichtete das Landesarbeitsamt am 23. November 1959 unter der Überschrift »Über 34 000 Ausländer arbeiten in Baden-Württemberg. Praktikanten aus den Entwicklungsländern lernen in der Bundesrepublik«:

»Nicht der Entlastung des deutschen Arbeitsmarktes, aber der Zukunft der deutschen Wirtschaft im Rahmen der Weltwirtschaft dienen die wachsenden Bemühungen in der Bundesrepublik, den sich in großer Zahl anbietenden ausländischen Praktikanten und Gastarbeitnehmern Ausbildungsplätze zu vermitteln. Dabei handelt es sich um junge Menschen zwischen 20 und 30 Jahren aus mehr als 68 Nationen, die in ihrer Heimat bereits eine Berufsausbildung abgeschlossen oder ein technisches Examen abgelegt haben. Das Landesarbeitsamt hat gemeinsam mit der Arbeitsgemeinschaft der Industrie- und Handelskammern und den anderen beteiligten Stellen und Verbänden im Mai 1957 einen Arbeitskreis gebildet, der sich der Vermittlung ausländischer Praktikanten annimmt. Seit dieser Zeit wurden fast 1000 ausländische Praktikanten vermittelt. Im Jahre 1959 standen an der Spitze der Vermittlungen Türken, Ägypter, Griechen und Inder. Die Wirtschaft zeigt sich erfreulicherweise in wachsendem Masse dieser wirtschaftspolitischen Aufgabe gegenüber aufgeschlossen. Besonders schwierig ist bei allen Ausländern, nicht zuletzt den Praktikanten, die Beschaffung einer geeigneten Wohnung. Dabei müssen betrübliche Erfahrungen insonderheit dunkelhäutige Ausländer machen, weil manche Vermieter glauben, wenn man schon einen Ägypter oder Inder aufnimmt, einen Phantasiepreis für das gebotene Zimmer fordern zu können.«

Wenn es auch damals andere Verhältnisse waren, so ist doch festzuhalten, dass es Ähnliches wie die heutige Diskussion um eine Willkommenskultur bereits in der »Gastarbeiterzeit« gab. Bisweilen fand sie ihren Ausdruck in Geschenken. Der »Klassiker« ist der einmillionste »Gastarbeiter« Armando Rodrigues de Sá aus Portugal, der 1964 am Bahnhof in Köln-Deutz ein Moped geschenkt bekam. Auch die Türken haben ihren Jubilar: So erwartete den vierundzwanzigjährigen Ismail Bahadir am 27. November 1969 in München ein festlicher Empfang als einmillionsten ausländischen Arbeitnehmer, der von den Dienststellen der Bundesanstalt für Arbeit in Südeuropa, in der Türkei und Tunesien vermittelt wurde. Zum Empfangskomitee gehörte der Präsident der Bundesanstalt für Arbeit, Josef Stingl, der dem überraschten türkischen »Gastarbeiter« einen Fernsehapparat überreichte. Stingl bezeichnete dabei die Arbeit der ausländischen Arbeitskräfte in der Bundesrepublik als »nicht messbaren Gewinn«. Ein tragbares Fernsehgerät bekam 1972 die neunzehnjährige Vera Rimski aus Jugoslawien geschenkt. Mit Sekt und Blumen begrüßten Josef Stingl und Arbeitsminister Fritz Pirkl sie als – wie es damals hieß – »zweimillionsten Gastarbeiter«, der von der Bundesanstalt für Arbeit angeworben wurde.

In Baden-Württemberg bekam der »Jubilar« – ganz schwäbisch – lediglich ein Kofferradio geschenkt. Als am 5. August 1970 der 31-jährige Zvonimir Kanjir als fünfhunderttausendster »Gastarbeiter« in der Landeshauptstadt eintraf, gab es für ihn einen »großen Bahnhof«. Ein Begrüßungskomitee erwartete den Kroaten: der DGB-Landesvorsitzende, der Repräsentant der Firma Daimler-Benz, die den Jugoslawen als Arbeitskraft brauchte, sowie der Präsident des Landesarbeitsamtes und sein Pressereferent Hans-Jörg Eckardt. Der erinnert sich noch gut an jenen Sommertag im Jahr 1970:

»Alles, was schreiben, filmen und Töne aufnehmen konnte, war da. Der Sonderzug lief ein. Türe auf – und dann hat man ihn entsprechend präsentiert. Die Kameras liefen, und dann wurde ein Radio überreicht. Es war für Baden-Württemberg aus Sicht der Wirtschaft lebensnotwendig, dass eben ›Gastarbeiter‹ gekommen sind.«

Großer Bahnhof für Zvonimir Kanjir am 5. August 1970 am Stuttgarter Hauptbahnhof. Der fünfhunderttausendste »Gastarbeiter« in Baden-Württemberg erhält als Geschenk ein Transistorradio.

Sonderzüge mit Italienern sind in Stuttgart manchmal alle zwanzig Minuten angekommen. Bis zu 1500 italienische Arbeitskräfte auf abgesperrten Bahnsteigen hat Eckardt mit dem Chefdolmetscher der Deutschen Bundesbahn dann innerhalb kurzer Zeit per Megafon weiterverteilt. Als Zugbegleiter holte er »Gastarbeiter« auch schon aus München ab und ließ sie auf der Strecke an ihren Zielbahnhöfen aussteigen, fast im Zehnminutentakt gruppenweise in Geislingen, Göppingen oder Plochingen, wo sie von den Arbeitgebern in Empfang genommen wurden.

Nach einer oftmals bis zu fünfzig Stunden dauernden Reise trafen italienische Arbeitskräfte ebenso in Singen am Hohentwiel ein, wo sie innerhalb von zwei Stunden weiterverteilt wurden. Der dortige Bahnhof wurde damals sogar »Neapel-Schleuse« genannt. Die Ansagen erfolgten 1960 in Italienisch:

»Attenzione, attenzione! Qui Singen, Hohentwiel. La prima stazione Germanica dove avrà luogo lo smistamento. Siete precati di scendere il bagaglio.« (»Achtung, Achtung! Der erste Bahnhof in Deutschland. Hier werden die Ankommenden verteilt. Bitte laden Sie das Gepäck aus.«)

Ende Mai 1965 wurde der zehntausendste »Gastarbeiter« im württembergischen Unterland erwartet. Das Neckar-Echo vom 29. Mai 1965 schrieb dazu:

> »Gestern um 16.01 Uhr traf aus Richtung Köln kommend vor dem Heilbronner Arbeitsamt ein Omnibus mit spanischen Gastarbeiterinnen und Gastarbeitern ein. Direktor Mistele und seine Mitarbeiter erwarteten das Fahrzeug, das schließlich mit 61 Minuten Verspätung, eintraf, ungeduldig: Es sollte den 10 000. Ausländer bringen, der im Bezirk des Arbeitsamts schafft. Es war eine junge Näherin, Maria Rosario Torres-Baqucro aus Madrigal de la Vera an der spanischen Grenze mit Portugal, ganze neunzehn Jahre alt. [...] Direktor Mistele begrüßte sie kurz und händigte ihr kleine Willkommensgeschenke aus.«

Ergänzend dazu ist in der Heilbronner Stimme vom selben Tag zu lesen:

> »Vorsorglich hatten spanischkundige Mitarbeiter des Arbeitsamtes den Text für zwei Schilder zusammengestellt. Auf dem einen Schild konnte man ›Herzlich Willkommen in Heilbronn!‹ lesen.«

Der Mannheimer Heinz Späth war als offizieller Zugbegleiter oft der erste Deutsche, den die »Gastarbeiter« in den Sonderzügen kennenlernten. Als es an den deutschen Bahnhöfen dann ans Abschiednehmen von den Landsleuten ging, flossen nicht selten Tränen, erinnert er sich: »Die haben sich ja oft nie wiedergesehen.« Den einen verschlug es nach Hannover, den anderen nach Köln. Späth half, so gut es ging.

Auch Späths Stuttgarter Kollege Hans-Jörg Eckardt konnte so manchem Arbeitsmigranten in Deutschland und in Griechenland zur Seite stehen. Griechenland war nach seiner Erinnerung zunächst das einzige Land, das damals Frauen erlaubte, als Arbeitskräfte nach Deutschland auszureisen. »Vor allem in der Textil- und Elektroindustrie waren Frauenhände heiß begehrt«, so Eckardt. Seine Erfahrungen in Griechenland haben sich besonders in sein Gedächtnis eingeprägt:

> »Häufig begleiteten wir diese jungen Frauen in den Sonderzügen, die vom Bahnhof in Thessaloniki abfuhren und deren erster Halt München war. Ich werde die Männer nie vergessen, denen die Tränen kamen, als sie ihre Töchter, manche von ihnen auch ihre Frauen verabschiedeten und in den Armen Babys hielten.«

In den Familien spielten sich Dramen ab, wie Eckardt in seinem Notizbuch festhielt. Ein Personalchef schrieb deshalb an die Kommission in Thessaloniki und bat eindringlich darum, dass der Ehemann zu seiner Frau nach Deutschland nachkommen dürfe:

> »Denn die beiden haben erst am 19. Dezember 1965 in der Heimat geheiratet, und sie musste schon Anfang Januar nach Deutschland zurückkehren, hat gar keine Flitterwochen verlebt, war vorher Waisenkind, so dass sie bis jetzt noch kein schönes Leben gehabt hat. Deshalb weint sie jeden Tag. Auch darum bittet der Unterzeichnete, dass die Zusammenführung so schnell wie möglich durchgeführt wird.«

Unbürokratisch konnten die griechischen Behörden und Hans-Jörg Eckardt helfen und die beiden zusammenführen. Seine Kollegen und er kämpften oft gegen die deutsche und die griechische Bürokratie, manchmal mit Erfolg, was ihn heute noch mit Stolz erfüllt.

Die Bahnhöfe – die ersten Ankunftsorte in Deutschland – hatten lange Zeit eine wichtige Funktion für die ausländischen Arbeitskräfte. Dort traf man sich am Wochenende mit Landsleuten. Die Sozialarbeiterin Hanne Braun vom Diakonischen Werk Württemberg hat diese Treffpunkte gut in Erinnerung behalten:

»Die Griechen kamen alle auf den Bahnhof, die Männer, weil
sie sagen: ›Jetzt kommt ein wenig Luft von Griechenland.‹
Am Samstag, Sonntag war der Bahnhof voll. Dann standen
die im Kreis und jeder wartete. Um fünf kommt der Hellas-
Express, und dann hat man gedacht: ›Jetzt riechts a bissle
nach Oregano‹.«

So verwandelte sich der Stuttgarter Hauptbahnhof am Samstagnach-
mittag oder an Sonn- und Feiertagen zum Treffpunkt der »Gastarbeiter« und ihrer Angehörigen, »sehr zum Ärger mancher deutscher
Verkehrsteilnehmer, die solche Massenansammlungen am liebsten
dorthin wünschen, ›wo der Pfeffer wächst‹«, wie es der Landtagsabgeordnete Paul Hofstetter (SPD) 1966 ausdrückte. Der Landespolitiker warb für Verständnis dafür, dass die von der deutschen
Wirtschaft dringlich angeforderten Arbeitskräfte ein Anrecht auf

*Bahnhöfe und »Gastarbeiter« – das sind zwei untrennbare Begriffe in der
Migrationsgeschichte Baden-Württembergs. Das Foto zeigt »Gastarbeiter«
der ersten Generation am Karlsruher Hauptbahnhof.*

gesellschaftliche Entfaltung hätten. Da für die Freizeitgestaltung der ausländischen Arbeitnehmer noch nicht genügend Einrichtungen geschaffen worden seien, sei der Bahnhof als zentraler Ort ein Treffpunkt, an dem entsprechend den heimatlichen Gewohnheiten der Austausch von Nachrichten vonstatten gehe und das Wiedersehen von Kameraden und Freunden gefeiert werde.

Unerwünschte Schwangerschaft

Unter der Überschrift »Sonderprobleme der weiblichen ausländischen Arbeitskräfte« verfasste das Arbeitsamt Stuttgart mit Datum vom 24. Oktober 1961 einen Erfahrungsbericht, der einen Einblick in das Leben der Frauen gibt, die als Arbeitskräfte ins Land geholt wurden. Im Zuständigkeitsgebiet des Amtes, dem Mittleren Neckarraum, waren damals bereits 265 Ausländerinnen beschäftigt, darunter 130 Griechinnen. Nach den Feststellungen der Krankenkassen stieg der Krankenstand von Jahr zu Jahr, besonders wurden viele Magenerkrankungen beobachtet. Zu »Schwangere« hieß es in dem Bericht des Arbeitsamtes:

> »Die schwangeren Ausländerinnen werden für die Betriebe in zunehmendem Maße ein Problem. In der Regel können sie zwar in den Wohnheimen während des ersten Teils der Schutzfrist bis zur Entbindung bleiben, soweit sie nicht unter besonderen Schwangerschaftsbeschwerden leiden. [...] Ein Landratsamt des Bezirks ist dazu übergegangen, Frauen, die ein Kind geboren haben, das sie bei sich behalten wollen, die Verlängerung der Aufenthaltserlaubnis zu verweigern. Abgesehen davon, dass ein derartiges Vorgehen wahrscheinlich rechtlich nicht haltbar ist, wird damit die bei den Griechinnen offenbar übliche Abtreibung geradezu zur Notwendigkeit.«

Nach dem Bericht würden verheiratete oder ledige Griechinnen nach Griechenland zurückkehren, um eine Abtreibung vornehmen zu lassen. Dort sei die Abtreibung wohl gesetzlich nicht erlaubt, werde jedoch strafrechtlich nicht verfolgt und für 150 bis 200 Mark »üblicherweise durchgeführt«. Das Arbeitsamt Stuttgart stellte fest:

»Es werde wohl ein uneheliches Kind als Schande betrachtet, nicht jedoch die Abtreibung. Bei einer im Krankenhaus beschäftigten Griechin kam es zu Schwierigkeiten mit den deutschen Arbeitskolleginnen. Die Griechin war mit einer fortgeschrittenen Schwangerschaft nach Griechenland in Urlaub gefahren und nach der Abtreibung zurückgekehrt. Sie teilte ihren Arbeitskolleginnen strahlend mit: ›Bauch leer‹. Sie wurde von da an von den Deutschen gemieden und musste in ein anderes Krankenhaus versetzt werden.«

Dieses Beispiel erinnert fatal an die Ausländerpolitik der DDR, die im Westen angeprangert wurde. Für die Arbeiterinnen aus Vietnam wurden 1987 zwischen den Regierungen in Ost-Berlin und in Hanoi besondere Regelungen »über die Verfahrensweise bei Schwangerschaft« getroffen. In der Vereinbarung hieß es:

»Schwangerschaft und Mutterschaft verändern die persönliche Situation der betreffenden werktätigen Frau so grundlegend, dass die damit verbundenen Anforderungen der zeitweiligen Beschäftigung und Qualifizierung nicht realisierbar sind. Vietnamesische Frauen, die die Möglichkeit der Schwangerschaftsverhütung bzw. -unterbrechung nicht wahrnehmen, treten – nach ärztlich bescheinigter Reisetauglichkeit – zum festgesetzten Termin die vorzeitige Heimreise an. Im Falle unbegründeter Ausreiseverweigerung wird die Botschaft der Sozialistischen Republik Vietnam in der DDR gegenüber den zuständigen Organen der DDR unverzüglich die Einleitung erforderlicher Maßnahmen zur Sicherung der Ausreise beantragen. Die durch Ausreiseverweigerung verursachten Kosten trägt die vietnamesische Seite.«

Viele Frauen wurden so de facto zur Abtreibung gezwungen, wenn sie ihren Arbeitsplatz nicht verlieren wollten. In Baden-Württemberg gab es zwar keine solche Regelung, aber in einzelnen Fällen verlief es in der Konsequenz nicht viel besser.

»Schwangere Frauen« – das war auf jeden Fall ein »Problem« in der Anwerbezeit. Mit einem Brief im Amtsdeutsch mit dem Betreff

Oft vergessen: Vor allem in der Textil- und Bekleidungsindustrie der 1960er Jahre waren ausländische Arbeitsmigrantinnen beliebt. Bei den Arbeitgebern galten sie als besonders fleißig und geschickt.

»Anwerbung und Vermittlung ausländischer Arbeitnehmer; hier: Fehlvermittlungen – Vermittlung schwangerer Frauen« schrieb der Präsident des Landesarbeitsamtes am 6. September 1961 an die Direktoren der Arbeitsämter im Land. Arbeitgeber wollten sich offensichtlich die Rückreisekosten erstatten lassen, wenn Schwangere angeworben worden waren. Mit Hinweis auf einen Erlass der Bundesanstalt für Arbeitsvermittlung und Arbeitslosenversicherung wurde klargestellt,

»dass die Deutschen Kommissionen grundsätzlich keine werdenden Mütter vermitteln und dass, sofern sich trotzdem unter den Transport-Teilnehmerinnen Frauen befinden, bei denen eine Schwangerschaft ohne weiteres erkennbar ist, im allgemeinen eine Fehlvermittlung anerkannt werden kann. Da bei den Deutschen Kommissionen gynäkologische Untersuchungen nicht durchgeführt werden können, kann bei Vorliegen einer äußerlich nicht erkennbaren Schwangerschaft grundsätzlich keine Fehlvermittlung anerkannt werden.«

Das Rundschreiben beschied deshalb:

»Zu den von Ihnen angeführten Fällen war den Frauen ihr Zustand wahrscheinlich bei der Arbeitsaufnahme selbst nicht bekannt; zumindest aber konnte die Schwangerschaft bei der ärztlichen Untersuchung in Spanien am 8. Mai 1961 nicht festgestellt werden. Eine Erstattung der Rückreisekosten an den Arbeitgeber ist deshalb nicht möglich.«

Viele Ausländerinnen – meist Angehörige von männlichen Ausländern, die bereits in Deutschland arbeiteten – reisten mit Touristenpass ein, weil sie keine Aufenthalts- und Arbeitserlaubnis bekamen. Meist trauten sie sich nicht, zu den Behörden zu gehen, und nahmen dann ohne diese Voraussetzungen »illegal« irgendeine Arbeit auf, beispielsweise in kleineren Gaststätten. Dabei gerieten sie oft in Schwierigkeiten, wie das Stuttgarter Arbeitsamt berichtete:

»Wenn sie schwanger werden, entlässt sie der Arbeitgeber. Gegen die Lösung dieses an sich nichtigen Arbeitsverhältnisses kann nichts unternommen werden [...], auch nicht von Seiten der Gewerbeaufsicht. Nach einer mündlichen Entscheidung des Arbeitsministeriums von Baden-Württemberg bestand das Arbeitsverhältnis nur de facto und nicht de jure, so dass die Bestimmungen des Mutterschutzgesetzes nicht angewandt werden können.«

Der Bericht des Amtes beschäftigte sich unter der Überschrift »Abgleiten in die Prostitution« mit einem weiteren heiklen Thema. Gestützt auf Informationen aus den Betrieben war zu lesen:

»Bei manchen mag die Losgelöstheit aus dem Familienverband und der dörflichen Gemeinschaft, sowie der Mangel an Aufsicht durch Familienangehörige, Hemmungen beseitigt haben. Im übrigen werde die Prostitution sowohl bei Griechinnen, als auch bei den Italienerinnen nicht als etwas besonders Schandbares angesehen.«

Das Arbeitsamt bescheinigte den Ausländerinnen insgesamt: »Arbeitsleistung der Griechinnen im großen Ganzen gut. [...] Von allen Ausländerinnen in unserem Bezirk am meisten die Spanierin geschätzt.« Eine besondere Rolle im Denken und Fühlen der Griechin – so der Bericht weiter – »scheint ›der Mann‹ zu spielen«. Die verheirateten Frauen mussten in der Regel ihren Arbeitsverdienst den Männern abliefern, die Töchter dem Familienoberhaupt: »Die Männer geben dann das für Anschaffungen notwendige Geld heraus, soweit sie es nicht für sich selbst verbrauchen.« In verschiedenen Betrieben und Krankenhäusern kochten die Frauen abends für ihre Ehemänner in den für das Personal zur Verfügung gestellten Küchen und setzten die Wäsche und Kleidung der Männer instand. Weiter heißt es im Bericht aus Stuttgart:

»Bei den Unverheirateten gibt es nicht selten wilde Eifersuchtsszenen und ab und zu einen Selbstmordversuch aus verschmähter Liebe. Im Übrigen scheinen die Griechen besonders gute Geschäftemacher zu sein, die mit allem und jedem handeln. In einem Wohnheim für Griechinnen haben sie den Frauen, gleich nach deren Ankunft, Tonbandgeräte auf Ratenzahlung aufgeschwatzt, in einem anderen Wohnheim Musiktruhen.«

»Goldene Regeln für den Umgang mit Gastarbeitern«

Im Jahr 1962 veröffentlichte die Akademie der Diözese Rottenburg einen Ratgeber, wie mit Südeuropäern umzugehen sei. Unter dem Titel »Goldene Regeln für den Umgang mit Gastarbeitern« hieß es dort:

»Der Südländer – der Italiener, der Spanier, der Grieche – weiß sich als Erbe einer großen Kultur und ist stolz darauf. Diesen

Stolz sollte man achten und keinen der Gastarbeiter mit einem Spott- oder Schmähnamen, also etwa den Italiener ›Makkaroni‹ nennen. [...] Manche Südländer haben noch keinen rechten Sinn für Sauberkeit und Ordnung. Man sollte sie durch gute Unterkünfte zu diesen Tugenden ermuntern. [...] Der Südländer hat angeblich Erfolg bei den Frauen; wenn er einer Frau Komplimente macht, meint er es jedoch selten ernst. Der Südländer ist von seiner Heimat her Zurückhaltung bei den Frauen gewohnt; kommt ihm im Gastland eine Frau offener entgegen, meint er, sie habe kein Ehrgefühl, und er dürfe sich etwas herausnehmen. Auch auf diese Vorstellung vom angemessenen Verhalten der Frau ist Rücksicht zu nehmen.«

Bereits in den frühen Jahren der Ausländerbeschäftigung versuchte auch eine Dokumentation der Landeszentrale für politische Bildungsarbeit Berlin Vorurteile gegenüber den »Gastarbeitern« zu widerlegen und sich mit Parolen wie »Makkaronifresser raus! 10 000 Gastarbeiter sind Gangster! Noch gehört Deutschland uns!« auseinanderzusetzen. Ausführlich besprachen bereits 1966 Landespolitiker und andere Meinungsmacher in Baden-Württemberg in einer Zeitschrift die Frage: »Gastarbeiter – notwendiges Übel oder wertvolle Hilfe?« Theodor Wengler von der Jungen Union Ludwigsburg schrieb darin Folgendes:

»Wer das Vergnügen hatte, im letzten Bundestagswahlkampf weit über 100 Versammlungen abzuhalten, der konnte erleben, dass nicht die Unterschiede zwischen CDU und SPD in außen- und innenpolitischen Fragen im Mittelpunkt der Diskussion standen, sondern nicht selten Probleme, die aus der Sicht der Regierungspartei genauso gesehen werden können wie durch die Brille der Opposition. Mit an vorderer Stelle stand dabei das Thema ›Fremdarbeiter‹. Kaum über andere Fragen konnten sich biedere Bürger so ereifern wie über diese Menschen, von denen man auf Grund der Debatte den Eindruck gewinnen konnte, es handle sich um Eindringlinge, die uns wie weiland die Hunnen überfielen. Für was sollten sie nicht alles verantwortlich sein: Für den hohen Krankenstand unter den Arbeitern, die schlechte Qualität mancher Erzeugnisse und nicht zuletzt die gefallene Moral allzulanden.«

Der Nachwuchspolitiker kritisiert die Scheinheiligkeit seiner Landsleute, die sich über die damals 1,2 Millionen »Gastarbeiter« aufregten, sie für entbehrlich hielten, aber gleichzeitig nicht bereit waren, deren Jobs zu übernehmen:

> »Ganze Städte würden nämlich im eigenen Dreck ersticken, weil sich deutsche Arbeitskräfte für Müllabfuhr und -verwertung, für die Inbetriebhaltung der Abwasserkanalisation und andere weniger appetitliche, aber nichtsdestoweniger höchst notwendige Arbeiten nicht im erforderlichen Umfang finden lassen. Aber selbst auf dem Bausektor, einer Branche, die auch heute anziehend wirkt, bringen wir einfach nicht die erforderlichen Zahlen an Arbeitskräften, vor allem Hilfskräften, auf.«

Bereits 1963 hatte das Landesarbeitsamt Baden-Württemberg in einem Erfahrungsbericht die Bedeutung der ausländischen Arbeitskräfte hervorgehoben und betont, dass es beispielsweise nur durch die Beschäftigung von Ausländerinnen als Hausgehilfinnen gelungen sei, Krankenhäuser vor der teilweisen Schließung zu bewahren. In fast allen Häusern, so der Bericht, betrug die Zahl der beschäftigten Ausländerinnen mehr als 50 Prozent des gesamten Hauspersonals. Ähnlich sah es im Hotel- und Gaststättengewerbe aus.

Vor allem die Kirchen kämpften schon frühzeitig gegen die Klischees und Vorurteile gegenüber Migranten an und wiesen zum Beispiel 1970 darauf hin, dass die Sozialversicherungsbeiträge ohne die Zahlungen der ausländischen Arbeitnehmer längst hätten erhöht werden müssen. Oder sie machten deutlich: »Jeder ausländische Arbeitnehmer steigert unser Sozialprodukt nach Abzug seines Lohnanteils jährlich um etwa DM 10 000. Das sind zusammen 15 Milliarden.« Schon 1965 argumentierte der baden-württembergische Arbeitsminister Josef Schüttler (CDU) im Staatsanzeiger, dass der Fiskus ohne die ausländischen Arbeitnehmer auf mehr als eine Milliarde D-Mark an Steuern im Jahr verzichten müsste und dass die Italiener, Spanier, Griechen und Türken jährlich eine Milliarde

Die »Gastarbeiter« verrichten die knochenharten Jobs, beispielsweise im Baugewerbe; aufgenommen 1962.

*Titelblatt des Wochenmagazins
Spiegel vom Juli 1973.*

D-Mark Rentenversicherungsbeiträge aufbrächten. Ausländer würden bereits ein Fünftel der Wohnungen und die Hälfte der Straßen in Deutschland bauen.

Solche Daten und Fakten galt es schon damals in die Öffentlichkeit zu bringen und damit gegen Klischees und Vorurteile anzukämpfen, die auch von Medien verbreitet wurden. So schrieb beispielsweise der »Spiegel« am 30. Juli 1973 unter dem Titel »Die Türken kommen – rette sich, wer kann«:

> »Fast eine Million Türken leben in der Bundesrepublik, 1,2 Millionen warten zu Hause auf die Einreise. Der Andrang vom Bosporus verschärft eine Krise, die in den von Ausländern überlaufenen Ballungszentren schon lange schwelt. Städte wie Berlin, München oder Frankfurt können die Invasion kaum noch bewältigen: Es entstehen Ghettos, und schon prophezeien Soziologen Städteverfall, Kriminalität und soziale Verelendung wie in Harlem.«

Auch die Angst vor der »Ausländerkriminalität« wird in diesem Bericht – ob bewusst oder unbewusst – verstärkt: »Wenn irgendwo gestochen worden ist«, so meinte ein norddeutscher Polizeiführer, »dann war meist auch ein Türke dabei.« Dieses Beispiel zeigt gut, wie die negativen Zuschreibungen, die zuvor den italienischen »Gastarbeitern« galten, nun, nachdem man sich an die vermeintlich »fremden« Italiener gewöhnt hatte, auf die türkischen Arbeitsmigranten übertragen wurden. Die Türken wurden nun wegen ihrer Religion und ihrer Zahl zur nächsten stigmatisierten Gruppe.

Dabei wussten schon viele Zeitgenossen, die sich einen klaren Blick bewahrt hatten, dass mit Hilfe der »Gastarbeiter« viele Deutsche in einem imaginären sozialen Fahrstuhl in bessere berufliche Positionen aufsteigen konnten, weil viele der Arbeitsmigranten diejenigen Jobs verrichteten, die sonst keiner mehr machen wollte. Sie wussten auch, dass die sozialen Sicherungssysteme der jungen Bundesrepublik anders schon längst nicht mehr zu finanzieren gewesen wären.

Fachleute in der Arbeitsverwaltung in Baden-Württemberg und auch in den zuständigen Bundesministerien dachten in diesen frühen Jahren der Ausländerbeschäftigung sogar schon darüber nach, ob nicht die Arbeitskräfte auf Dauer bleiben würden und nicht mehr »Gastarbeiter«, sondern Einwanderer wären:

> »In der Wirtschaft geht die Tendenz weg vom Saisonarbeiter auf die Dauerarbeitskraft zu, sowohl im Baugewerbe wie in der Industrie. Unsere Wirtschaft braucht entsprechend der technischen Entwicklung in Zukunft mehr und mehr Facharbeiter, die als Saisonarbeiter nicht zu gewinnen sind. Zwingt diese Situation unsere Wirtschaft, in bestimmtem Umfange sich mit dem Problem der Familienzusammenführung der ausländischen Arbeitskräfte zu befassen?«

Leider wurde aus diesen Überlegungen keine vorausschauende Integrationspolitik entwickelt. Noch im Jahr 1982 bekräftigte die Bundesregierung aus CDU/CSU und FDP, dass die Bundesrepublik Deutschland kein Einwanderungsland sei. Es seien daher alle humanitär vertretbaren Maßnahmen zu ergreifen, um den Zuzug von

Ausländern zu unterbinden. Die Lebenslüge »Wir sind kein Einwanderungsland« bestimmte fast ein halbes Jahrhundert lang die Politik. Diese Fehler rächen sich bis zum heutigen Tage, nicht nur in Baden-Württemberg.

Willkommenskultur hat Tradition

Eine gelebte Willkommenskultur hat es in Südwestdeutschland schon immer gegeben, gleichzeitig aber auch Skepsis und Ablehnung gegenüber Zuwanderinnen und Zuwanderern. Das gilt – historisch betrachtet – eigentlich für alle Einwanderungsländer, beispielsweise auch für die Vereinigten Staaten von Amerika. Selbst die Diskussionen, ob wir Arbeitskräfte aus dem Ausland brauchen oder nicht, wiederholen sich. So stellte bereits 1909 eine Fachzeitschrift fest, dass die in Württemberg beschäftigten ausländischen Arbeiter nach Ansicht der Handelskammer Stuttgart nicht durch Inländer ersetzt werden könnten. Andererseits kritisierte damals der Experte Professor Wilhelm Stieda: »Wir haben chronische Arbeitslosigkeit und rufen trotzdem eine Unmasse Ausländer ins Land.« Ein anderer Fachmann namens Bonikowski aus Kattowitz hielt dagegen, dass bei großen Erdarbeiten, Kanal- und Chausseebauten fast nur Ausländer zur Verfügung stünden. Für einen großen Bahnbau in Baden hätten sich zum Beispiel gar keine Inländer gemeldet.

Schon sehr früh entwickelte beispielsweise die Katholische Kirche eine Willkommenskultur und kümmerte sich um die Arbeitskräfte aus dem Ausland, insbesondere um die Italiener. Der Begründer und langjährige Generaldirektor des Deutschen Caritasverbandes, Lorenz Werthmann, organisierte seit 1895 soziale Maßnahmen der »Italienerfürsorge«. Im Juli 1896 richtete Werthmann ein Italienisches Arbeitersekretariat in Freiburg ein. Dort erhielten die Arbeiter Rat und Auskunft in allen Fragen des Arbeitsrechts und der sozialen Fürsorge. Dort wurden die Ausweispapiere geprüft und gegebenenfalls neu beschafft. Dort verteilte man die zahlreichen Briefe, die die Post wegen falscher oder unvollständiger Adresse nicht zustellen konnte. Die Caritas half auch beim Versenden von Briefen oder Geldern nach Italien.

Werthmann war durch sein Studium in Rom mit der italienischen Lebensweise vertraut und sprach fließend Italienisch. Einer

1980 erhält der Gewerkschafter Ismail Kahraman in Waiblingen das Bundesverdienstkreuz.

seiner Mitarbeiter schrieb, Werthmann sei »ein Deutscher von Geburt« und »ein Italiener nach dem Herzen«. 1904 existierten in Deutschland bereits mehr als dreißig solcher Arbeitersekretariate. Eine Italiener-Sparkasse kam hinzu, es folgte eine italienische Zeitung. 1908 bildete sich ein Frauenverein zum Schutz der italienischen Arbeiterinnen mit einer Abend- und Sonntagsschule und einem Kinderhort für italienische Kinder.

Seit über hundert Jahren pflegen neben der Caritas auch die Gewerkschaften und viele ehrenamtliche Helfer eine Willkommenskultur. Mehr noch: Oft nehmen sie damit eine Anwaltsfunktion für ausländische Arbeitskräfte und ihre Familien wahr. Im DGB-Landesbezirk Baden-Württemberg waren es Jürgen Klose, der dabei eine herausragende Rolle einnahm, sowie Ismail Kahraman. Der türkische Gewerkschafter nahm 1965 eine Beschäftigung bei den Magiruswerken in Ulm als Fahrer eines Elektrokarrens auf. Auf seinen Wegen durch den Betrieb verteilte er Werbematerial und führte Informationsgespräche. Dadurch gelang es ihm, den Organisationsgrad unter den dort beschäftigten Türken von zehn auf 90 Prozent zu steigern. 1971 wurde Kahraman Leiter der DGB-Beratungsstelle für Türken in Stuttgart, die für den ganzen Landesbezirk zuständig war. 1980 wurde ihm für seine Verdienste um die »Eingliederung seiner türkischen Landsleute« das Bundesverdienstkreuz am Bande verliehen. Damit wurden auch seine Leistungen als vereidigter Gerichtsdolmetscher und gewähltes Mitglied des Ausländerbeirats in Waiblingen gewürdigt.

Vom Caritasverband stammt ein Zitat, das durch den Schriftsteller Max Frisch zum geflügelten Wort werden sollte. Es lohnt sich, es im Original nachzulesen. Frisch schrieb 1965, was nicht nur für Italien und Baden-Württemberg von Bedeutung bleibt:

> »Ein kleines Herrenvolk sieht sich in Gefahr: Man hat Arbeitskräfte gerufen, und es kommen Menschen. Sie fressen den Wohlstand nicht auf, im Gegenteil, sie sind für den Wohlstand unerlässlich.«

Der Gedanke von Frisch geht auf Ernst Schnydrick vom Deutschen Caritasverband zurück, der bereits 1961 sagte: »Wir wollten Arbeitskräfte importieren – und es kamen Menschen.«

Gelungene kulinarische Integration

Die Deutschen als »Weltmeister im Reisen« wollten auch in ihrem Land die Speisen und Getränke nicht vermissen, die sie im Ausland kennen gelernt hatten. Sie fanden die kulinarischen Erinnerungen an den Urlaub in den Pizzerien, den griechischen Tavernen, beim »Balkan-Grill« oder in den Döner-Imbissen. Man ging zu »seinem Italiener« oder »Griechen«, später kamen die China-Restaurants hinzu. In diesen Lokalitäten verbrachte man gleichsam einen Urlaubsabend und sah die Zuwanderung durchaus als Bereicherung.

Zuwanderung hat auch die Alltagskultur in Deutschland verändert, was gerade in der »Küche« deutlich wird. Das gilt vor allem für die »alte« Bundesrepublik, während sich die DDR kulinarisch abkapselte, auch wenn »Nationalitätenrestaurants« Speisen aus den »sozialistischen Bruderstaaten« anboten und im fränkischen Teil von Thüringen in Suhl ein einzigartiges und exotisches japanisches Restaurant bestand. In westdeutschen Großstädten wie Stuttgart wurde bereits 1980 jedes vierte Restaurant von Ausländern geführt. Nach einer Studie des Instituts für Demoskopie Allensbach über die Beliebtheit ausländischer Spezialitäten bei deutschen Restaurantbesuchern aus dem Jahr 2010 bevorzugten 51 Prozent der Gäste fremdländische Kost. Von diesen ging jeder Zweite am liebsten zum Italiener. Die jungen Leute unter dreißig Jahren bevorzugten mit großer Mehrheit ausländisches Essen – 77 Prozent im Westen und 65 im Osten.

Der Döner verzeichnet eine Erfolgsgeschichte und wurde zu einem Lieblingsgericht der Deutschen. Anfang der 1970er Jahre in Berlin von einem türkischen Arbeitsmigranten kreiert, entwickelte er sich zum umsatzstärksten Produkt im Gastronomiebereich. Inzwischen ist sogar ein Streit darüber entbrannt, wer den Döner erfunden hat. Ein Gastwirt aus dem schwäbischen Reutlingen behauptet, er habe das Gericht als Erster verkauft.

Seit Langem schon kaufen Deutsche auch gern ausländische Produkte in Lebensmittelgeschäften, beim türkischen Gemüsehändler oder im Asienshop. Christian Rach, Spitzenkoch und Restauranttester, wies in einem Beitrag zur Ausstellung »Is(s) was?! Essen und Trinken in Deutschland« im Haus der Geschichte der Bundesrepublik Deutschland in Bonn darauf hin, dass die Deutschen den kulturellen Aspekt von Essen und Trinken erkannten:

»Über Gastarbeiter und Köche, die im Ausland gelernt hatten und dann nach Deutschland zurückkehrten, hat sich ein gesellschaftliches Umdenken ergeben: Wir verstehen nun Essen als Kulturgut, so wie unsere südlichen Nachbarn schon seit Jahrhunderten.«

Freilich verlief die kulinarische Einwanderung auch nicht immer konfliktfrei. Einheimische Gastronomen fürchteten sich vor der ausländischen Konkurrenz. In der Bevölkerung wurden immer wieder Stimmen laut, man könne ja kaum noch badische oder schwäbische Spezialitäten im Restaurant bekommen, alles sei fest »in auslän-

Eröffnung einer Eisdiele in Karlsruhe im Jahr 1969.

discher Hand«. Mancherorts führte die Eröffnung ausländischer Spezialitätenlokale sogar zu Streit mit den Nachbarn. Ein Nachbarschaftskonflikt entstand beispielsweise in Konstanz durch das »Eiscafé-Restaurant Roma«. Ab 1965 mussten sich die Behörden jahrelang mit dem Lokal beschäftigen, weil sich deutsche Nachbarn über die Störung der Nachtruhe beschwerten und sogar Strafanzeige erstatteten. In einem Bericht des Oberbürgermeisters heißt es am 29. September 1965, im »Roma« würden »Zustände herrschen, die für Konstanz als Fremdenstadt unerträglich seien«. Der Inhaber sei Italiener und seine Geschäfte seien »undurchdringlich und zwielichtig«. Ein Nachbar berichtete davon, dass drei Italiener nachts auf der Straße ein Wettspiel durchgeführt hätten. Und er gab zu Protokoll: »Es ging lebhaft zu wie am hellen Tag, wie es die Italiener an sich haben.« Ein anderer Nachbar sagte, er habe die Italiener aufgefordert, ruhig zu sein, was nichts genutzt habe. Schließlich habe er zur »Selbsthilfe« gegriffen und ihnen Wasser über den Kopf gegossen. Nach langem Hin und Her musste der Besitzer schließlich 1967 sein Café aufgeben.

Seit 1976 laden in Fellbach die ausländischen Mitbürgerinnen und Mitbürger zu einem Fest der Begegnung in der Stadt ein. Hier ein Foto aus dem Gründungsjahr der »Fiesta International«.

Beschwerden von Anwohnern über ausländische Lokale kommen immer wieder auf. So musste sich im Januar 2019 sogar der Petitionsausschuss des baden-württembergischen Landtags bei einer Anhörung in Mannheim mit dem Problem beschäftigen. Die vielen Grillrestaurants am Markplatz würden zu viel Qualm produzieren, beklagten die Anwohner. Bei einem Lokaltermin kündigte das Landesumweltministerium an, die gesetzlichen Regelungen im Blick auf Belästigungen durch Rauch aus Grilllokalitäten zu verschärfen.

Ein Projekt an der Universität Tübingen erinnerte an die kulturellen Veränderungen in Deutschland, die mit den Italienern begonnen haben. »Tü amo! – Italienisches im deutschen Alltag«, 2009 mit dem Landeslehrpreis ausgezeichnet, umfasste Ausstellungen und wurde in einem Buch verewigt. Einer wissenschaftlichen Untersuchung wurde beispielsweise auch eine der zahlreichen Verbindungen unterzogen, die durch die »Gastarbeiter«-Zuwanderung entstanden sind: zwischen den Städten Sindelfingen und Mirabella auf Sizilien. Noch heute besteht eine regelmäßige Busverbindung zwischen beiden Ortschaften. So sind neben Stuttgart Städte wie Ulm oder Mannheim Leuchttürme der frühzeitigen Integrationspolitik geworden. Dazu gehört auch Fellbach, das sich unter Oberbürgermeister Friedrich Wilhelm Kiel von Anfang an als eine für Ausländer offene Stadt verstanden hat. Sie hat mit ihrer »Fiesta International« zum Abbau von Spannungen und Vorurteilen beigetragen.

Die kulinarische Integration ist gelungen, von der sozialen, politischen und kulturellen Integration sind wir aber in mancherlei Hinsicht noch entfernt, trotz aller Integrationsanstrengungen und der Tatsache, dass Millionen von Migrantinnen und Migranten sozusagen auf uns zugewandert sind und sich still integriert haben. Sie haben gearbeitet, ihre Steuern bezahlt, ihre Kinder in die Schule geschickt, sich ehrenamtlich engagiert – und sind längst ein Teil unserer Gesellschaft.

Kulturell bereichernde Einwanderung

Alles in allem verlief die Einwanderung nach Baden-Württemberg im kulinarischen Bereich friedlich. Dort wird sie weit überwiegend als Bereicherung empfunden. Ähnlich verhält es sich mit der Kunst, die aus der Migration entstanden ist. Sicher ist, Kunst und Kultur verbinden Menschen und schaffen Brücken zwischen Einheimischen und Zugewanderten. Vor allem in der Kunst- und Kulturlandschaft lässt sich die gesellschaftliche Vielfalt ablesen. Es wird sogar die These vertreten, dass es ohne Migration gar keine Kunst gäbe, weil Künstlerinnen und Künstler schon immer auf Reisen waren und Kunst durch die Vernetzung und das Zusammentreffen von Kulturen entstehe. Grundsätzlich findet sich in allen menschlichen Gesellschaften kulturelle Vielfalt. Austausch und Vielfalt waren und sind der Motor des kulturellen Wandels. So gesehen sind die Kulturen aller Zeiten multikulturell gewesen.

Der Freiburger Politologe Dieter Oberndörfer – so etwas wie der »Papst der Migrationsforschung« – weist schon seit vielen Jahren darauf hin, dass es in der Republik keine nationale Religion und Kultur gibt, die für ihre Bürger verbindlich gemacht werden darf:

*Der Schriftsteller José F. A. Oliver wurde 1961
als Sohn einer spanischen »Gastarbeiterfamilie« in Hausen im Schwarzwald geboren.
Das Foto zeigt ihn mit seiner Mutter auf
Schwarzwälder Wiesen. Heute ist er unter
anderem Kurator des renommierten Literatur-
festes »Hausacher LeseLenz«.*

**»Jeder Versuch, einem Deutschen, Franzosen oder Amerika-
ner eine bestimmte Religion oder Konfession als nationale
Pflicht oder Eigenschaft vorzuschreiben, wäre ein Anschlag
auf die Bestimmungen ihrer Verfassungen.«**

Kulturelle Werte dürfen in der Republik individuell interpretiert, akzeptiert oder zurückgewiesen werden, so Oberndörfer. Allein die
Grundwerte der Verfassung, das positive Recht und die Rechtsprechung begrenzen diesen Pluralismus. Wenn beispielsweise in Deutschland die Zahl der Staatsbürger muslimischen Glaubens zunimmt,
werden deren religiöse Überzeugungen in noch stärkerem Umfang
als jetzt zu einem Bestandteil der Kultur Deutschlands werden.

Dieter Oberndörfer spricht von einer schamlosen Blindheit der Anhänger einer so genannten »Leitkultur« für die schwarzen Flecken ihrer eigenen Kultur:»Der Holocaust wuchs auf dem Kultursockel einer christlich geprägten Gesellschaft. Die Mörder von Auschwitz waren keine Muslime«, schreibt Oberndörfer. Bei den vieldiskutierten »Parallelgesellschaften« erinnert der Politologe daran, dass in Deutschland noch bis weit in die 1960er Jahre Ehen zwischen Protestanten und Katholiken eine seltene, von den Kirchen mit Sanktionen bekämpfte Ausnahme waren. Eine bunte und zunehmende Vielfalt von oft weniger miteinander verbundenen Parallelgesellschaften oder Lebenswelten ist nach seiner Analyse für moderne Gesellschaften geradezu charakteristisch. Wer die Integration der Ausländer in die deutsche Kultur fordert, müsse erst einmal die Frage beantworten können, was eigentlich ein integrierter Deutscher sei. Die Integration von Migranten ohne Akzeptanz kultureller Verschiedenheiten durch die Mehrheit sei nicht möglich.

Die deutsche Literatur der Gegenwart wurde von zahlreichen Autorinnen und Autoren mit Migrationshintergrund und ihrer interkulturellen Perspektive geprägt. Dazu zählt beispielsweise José F. A. Oliver, Dichter aus dem Schwarzwald mit spanischen Wurzeln. Oliver wurde als Sohn einer spanischen »Gastarbeiterfamilie« geboren, die 1960 aus Málaga in die Bundesrepublik eingewandert war. Nach dem Studium arbeitete er als freier Schriftsteller in seiner Heimatstadt Hausach. Nach zahlreichen Auslandsaufenthalten und vielen Preisen hat er mit dem Literaturhaus Stuttgart die inzwischen renommierten Schreibwerkstätten für Schulen entwickelt, die bei Kindern und Jugendlichen das Verständnis für den Umgang mit Literatur erweitern sollen. In einem seiner Essays mit dem Titel »In jedem Fluss mündet ein Meer« beschreibt er auch das Leben seiner Familie in seinem »andalusischen Schwarzwalddorf« im Kinzigtal, »in den knapp unter 50 qm, die wir zu siebt miteinander teilten«. Oder er spricht von seinem Vater, der im Alter von 27 Jahren nach Deutschland kam:

»Vater hielt sich eher an die Sportzeitung ›El Marca‹, die es samstags im nahen Offenburg am Bahnhofskiosk zu holen galt, und an unzählige, wiewohl Bände sprechende spanische Lexika, die uns zu jedem Namenstag so sicher waren wie die orakelhafte Verkündigung, dass wir bald in die Heimat zurückkehren würden. ›Im nächsten Jahr‹, sagte Vater, und meinte ›mañana‹. Was so viel bedeuten sollte – das weiß ich heute besser – wie ›... morgen, hombre, morgen‹. Und damit am St. Nimmerleinstag.«

Bereits seit 1985 (und bis 2017) förderte die Stuttgarter Robert Bosch Stiftung mit dem Adelbert-von-Chamisso-Preis »herausragende auf Deutsch schreibende Autoren, deren Werk von einem Kulturwechsel geprägt ist«. Neben José Oliver gehört beispielsweise Feridun Zaimoglu zu den Trägern dieses Preises, inzwischen einer der bekanntesten deutschsprachigen Schriftsteller, Journalisten, Drehbuch- und Theaterautoren. Schon in der zweiten und jetzt dritten Generation schreiben Autorinnen und Autoren mit migrantischen Wurzeln. Ein Deutscher mit iranischen Wurzeln, der Schriftsteller und Orientalist Navid Kermani, war es, der die Festrede bei der Feierstunde »65 Jahre Grundgesetz« am 23. Mai 2014 im Bundestag hielt. Kermani betonte in seiner Ansprache selbst, wie erstaunlich es sei, dass ein Kind von Einwanderern, das dazu noch einer anderen als der Mehrheitsreligion angehört, an die Verkündung des Grundgesetzes erinnert.

Mit einem Schreibwettbewerb hat auch der damalige Süddeutsche Rundfunk bereits 1995 versucht, diese Art von Literatur zu fördern. Unter der Leitfrage »40 Jahre ›Gastarbeiter‹. Deutschland auf dem Weg zur multikulturellen Gesellschaft?« war der Sender zusammen mit prominenten Kooperationspartnern gezielt offen für alle literarischen Formen wie Tagebuchtexte, Kurzgeschichten, Gedichte oder Essays. Aus über 800 Einsendungen wählte die Jury fünf Preisträger aus. Gewinner war der Italiener Antonio Timpano aus Markdorf mit seinem Beitrag »Beunruhigung am Bodensee«. Seinen Essay beginnt er so:

»Der Gastarbeiter am Bodensee hat Durst nach geistiger Freiheit. Er hat Durst nach jener Freiheit, die notwendig ist, um diesen Ort voll zu bewundern und jeden seiner Winkel mit dem verdienten Namen zu benennen.«

Cornelia Schmalz-Jacobsen, seinerzeit Bundesausländerbeauftragte, lobte bei der Preisverleihung, dass die Initiative mit dem Wettbewerb von der »Bindestrich-Kultur« weggekommen sei. Bei dem Wettbewerb sei es nicht um »Ausländer-Literatur« gegangen, sondern um Literatur zu einem Migrationsthema überhaupt, das jeder bearbeiten könne.

Zu einem selbstverständlichen Bestandteil der deutschen Kulturszene sind inzwischen auch Kabarettisten, Regisseure oder Musiker geworden, die selbst oder deren Vorfahren eingewandert sind. Der türkischstämmige Kabarettist Kaya Yanar und der in Mannheim geborene Bülent Ceylan erhielten beide den Deutschen Comedy-Preis. Diese Unterhaltungskünstler spielen in ihren Sendungen selbstbewusst mit »ethnic jokes« und deutsch-türkischen Klischees – und sie wurden schon als humoristische Integrationsfiguren bezeichnet.

Zwiespältige persönliche Bilanzen

Die erste Ausländergeneration, zu denen der fünfhunderttausendste »Gastarbeiter« gehörte, kam voller Hoffnung nach Deutschland. Zvonimir Kanjir fuhr zweimal im Monat mit dem Bus nach Jugoslawien. Später reiste er dann mit dem eigenen Pkw. Es war schwer, sagte der einst Gefeierte 1990 in einem Radiointerview, sich an die Arbeitsdisziplin zu gewöhnen, aber der Verdienst habe ja gestimmt. Zehn Jahre lang hat Kanjir an der Schleifmaschine »beim Daimler« gearbeitet. Als dann Automatisierungen kamen, habe der Meister ihn gefragt, ob er nicht nach Jugoslawien zurückkehren wolle. Von Abteilung zu Abteilung sei er dann gewandert. Die Arbeitsbedingungen seien für ihn immer schlechter geworden. Seine Frau und die Kinder, die in der Heimat geblieben waren, sollten nachkommen. Doch dann erkrankten die Schwiegereltern, und die Frau musste sie pflegen. Die ganzen Jahre hat der »Fünfhunderttausendste« so mehr oder weniger isoliert, ohne großen Kontakt zu den Deutschen und ohne jemals richtig Deutsch zu lernen in der Werkswohnung gelebt und für die Familie daheim gearbeitet. Seine Rückkehr hat er – wie so viele andere ausländische Arbeitnehmer auch – immer wieder hinausgeschoben.

Es wäre doch besser gewesen, wenn er nach einer gewissen Zeit heimgekehrt wäre, sagte der Kroate zurückblickend in dem Interview mit SWR International, der Fachredaktion für Migrationsthemen des

Amadeo Vulcano (links) aus Kalabrien,
aufgenommen 1960 mit zwei Arbeitskollegen.
Zuerst arbeitete er als Maurer in Fellbach, wo
er später einen Lebensmittelladen eröffnete.

Südwestrundfunks. Er würde sich aber wieder für Deutschland entscheiden, allerdings die Familie nachkommen lassen und eine Wohnung mieten.

Einiges lief schief im Leben von Kanjir. Nachdem er sich das Bein gebrochen hatte, wurde ihm eine Schiene eingesetzt. Wegen Verständigungsschwierigkeiten versäumte er es, sie rechtzeitig herausnehmen zu lassen. Eine Blutvergiftung war die Folge. Hinzu kamen andere Krankheiten wie ein Magenleiden und Krankenhausaufenthalte, so dass er nicht mehr arbeiten konnte. Zvonimir Kanjir wünschte sich nur noch eine bescheidene Rente wegen Berufsunfähigkeit. Zusammen mit seiner Frau kehrte er auf den väterlichen Hof in seinem kleinen Dorf in Kroatien zurück.

35 Jahre nach seiner Ankunft in Deutschland gelang es SWR International 2005, den fünfhunderttausendsten »Gastarbeiter« in

Immer wieder war die Familie von Amadeo Vulcano zwischen Deutschland und Italien unterwegs. Hier eine Abschiedsszene am Stuttgarter Hauptbahnhof.

der Nähe von Zagreb aufzuspüren. Erneut wurde dem nun Siebenundsechzigjährigen im Stuttgarter Hauptbahnhof ein Empfang bereitet. Presse, Funk und Fernsehen sowie der frühere Pressesprecher des Landesarbeitsamtes, Hans-Jörg Eckardt, begrüßten den Kroaten. Alles in allem urteilte Kanjir damals versöhnlich über seine Zeit in Baden-Württemberg und fuhr mit diesen positiven Eindrücken in seine Heimat zurück. In seinem kleinen Häuschen in der Ortschaft Ladanje Gornje bei Vinica in Kroatien starb Zvonimir Kanjir im Jahr 2008 nach einem Schlaganfall. Er wurde 70 Jahre alt. Seine Frau Maria berichtet immer wieder, wie oft und gerne ihr Mann von seinem zweiten Empfang im Stuttgarter Hauptbahnhof erzählte.

Zvonimir Kanjirs Schicksal ist nicht untypisch für die ehemaligen »Gastarbeiter«. Viele konnten ihren Lebenstraum verwirklichen, eine im Vergleich zum Heimatland gut bezahlte Arbeit finden, ein

Haus bauen, ihren Kindern eine bessere Zukunft verschaffen. Viele saßen aber ihr Leben lang auf »gepackten Koffern«. Zwar schrieben sie oft nach Hause, wie gut es ihnen in Deutschland gehe, wie sie in »Saus und Braus« lebten, doch die Wirklichkeit sah oft ganz anders aus. Sie lebten in Baracken und hatten kein schönes Leben, das Heimweh machte ihnen schwer zu schaffen. Wenn man sie fragte, wann sie wieder nach Italien oder in die Türkei zurückkehren würden, sagten die »Gastarbeiter«: »In den nächsten Jahren.« Nach einigen Jahren wieder befragt, kam die gleiche Antwort. Schließlich holten viele ihre Familien nach oder gründeten Familien in Deutschland. Weiterhin lebten viele in einer »Rückkehrillusion«. Schließlich im Rentenalter angelangt, blieben sie dann doch in Deutschland, auch weil sie sich an das Leben in Deutschland gewöhnt hatten und weil ihre Kinder und Enkel hier heimisch geworden waren. Die alte Heimat war ihnen bisweilen zur Fremde geworden. In Deutschland fanden sie sich oft noch immer nicht zurecht und sie sprachen trotz der langen Zeit, die sie hier verbracht hatten, schlecht Deutsch.

Dass die »Gastarbeiterrentner« heutzutage eine Herausforderung für die Altenpflege, die Altenheime und die Sozialpolitik darstellen, gerät oft in Vergessenheit. Dabei hat ihre Zahl in den letzten Jahren stark zugenommen und beträgt heute rund 1,5 Millionen. Bis 2030 soll sie sich auf geschätzte drei Millionen verdoppeln.

Für viele Arbeitsmigranten war die Beschäftigung in Deutschland ein zweischneidiges Schwert. Oft konnten sie der Arbeitslosigkeit entrinnen und sich ein besseres Leben in Deutschland aufbauen, aber sie wurden auch entwurzelt. Oft konnten sie sich den Traum des eigenen Hauses in der Heimat erfüllen, aber die »Gastarbeitervillen« am Mittelmeer stehen häufig fast das ganze Jahr leer, werden nur in den Urlaubsmonaten genutzt und waren vielerorts eine Fehlinvestition. Die Kinder und Enkelkinder kennen die Heimat der Eltern oder Großeltern nur aus den Ferien am Mittelmeer. Die zweite Generation lebte »zwischen den Welten«, war weder im Geburtsland der Eltern noch in Deutschland so richtig zu Hause. Ein junger Italiener fasste es einmal prägnant zusammen: »In Italien heißt es: ›Die Deutschen kommen!‹ Und in Deutschland sind wir ›die Ausländer‹. Wo sind wir eigentlich zu Hause?«

Erinnerungen in Städten und Gemeinden

Viele Städte und Gemeinden in Baden-Württemberg haben inzwischen ihre Einwanderungsgeschichte beleuchtet, in Ausstellungen und in ihren Museen. Freiburg erinnerte sich 2010 und lud seinen zehntausendsten »Gastarbeiter«, den Italiener Roberto Rossi, wieder in die Stadt ein, wo er als Sechszehnjähriger am 3. März 1971 vom italienischen Vizekonsul und dem Leiter des Amtes für öffentliche Ordnung empfangen und mit einem Bildband und Blumen begrüßt worden war. Er arbeitete vor allem in Freiburger Eisdielen und kehrte später wieder in seinen Heimatort Bibano di Godega Sant'Urbano in der Provinz Treviso (Region Venetien) zurück. Dort lebt er heute mit seiner Frau und arbeitet als selbstständiger Handwerker.

Roberto Rossi erinnert sich noch gut an den Empfang im Rathaus damals und an ein kleines kulturelles Missverständnis:

> »Ich hab gedacht, das sind ja die Blumen für die Toten. Diese Blumen werden Toten gegeben. So war ich etwas schockiert, weil bei uns sind das die Blumen für die Toten. Das hat sich bei mir eingeprägt, diese großen Blumen, Chrysanthemen.«

Eine Ausstellung zur Einwanderungsgeschichte gab es 2002 in Kornwestheim, wo »Gastarbeiter« begehrte Arbeitskräfte am größten Rangierbahnhof in Südwestdeutschland oder bei den Firmen Salamander und Stotz waren. Ehemalige Gastarbeiter erzählten im Rahmen der Ausstellung aus ihrem Leben:

> »Wer dachte damals schon ans Bleiben? Ein Nachbarjunge war vor mir nach Deutschland gekommen. Er wollte Geld für ein Haus sparen. Mutter, hat er gesagt, in Deutschland ist viel Geld, man muss nur wollen […], die warten schon mit Geld am Bahnhof auf uns. Wie konnte man aber auch nur so verrückt sein? Geld für ein Haus in drei Monaten, wo in der Welt kann man das schon verdienen? Das waren damals aber unsere Hoffnungen, wissen Sie? Alle kamen damals mit Koffern voller Hoffnungen!«

Von ihrem Schicksal berichteten auch ehemalige »Gastarbeiter« in Ravensburg in der Ausstellung »Heimat – Fremde – Ravensburger Gastarbeiter erzählen«, die bis Februar 2019 zu sehen war. Eine Vorreiterrolle spielte bei dieser Rückbesinnung und Wertschätzung der »Gastarbeiterpioniere« der ersten Stunde der Südwestrundfunk mit seiner Wanderausstellung »Zwischen Kommen und Gehen … und doch Bleiben – ›Gastarbeiter‹ in Deutschland 1955–1973«. Unter dem Kurator Arnd Kolb war die Ausstellung von 2004 bis 2015 in siebzig Orten nicht nur in Baden-Württemberg, sondern sogar im Bundeskanzleramt in Berlin zu sehen.

Nach dem Anwerbeabkommen von 1960 verließen Hunderttausende Griechen ihre Heimat, um in Deutschland Arbeit zu suchen, unter anderem in Hohenlohe, wo man sich an ihre Geschichte nach vierzig Jahren erinnerte. Die meisten Griechen kamen aus zwei Dörfern in Nordgriechenland: Nikisiani und Georgiani. Die arbeitssuchenden Frauen und Männer dieser Dörfer sind praktisch geschlossen in die Region Hohenlohe ausgewandert. Eine Schlüsselfigur bei dieser Migration war Konstantinos Makris, dessen Frau selbst aus der Hohenloher Gegend stammte. Er fungierte als Dolmetscher und sorgte dafür, dass im Lauf der Jahrzehnte 1500 Griechen aus diesen Dörfern nach Künzelsau und Umgebung gekommen sind. Im Rahmen der Feierlichkeiten »40 Jahre Griechen in Hohenlohe« wurde in der Gemeinde Weißbach ein »Hellasweg« eingeweiht. Später wurde in Drama in Nordgriechenland eine »Hohenlohestraße« eröffnet. Evangelos Goros, der Initiator der Aktion, organisierte außerdem eine Studienreise nach Griechenland und eine Ausstellung mit Biografien von griechischen Einwanderern. Die meisten Griechen wollten, wie die anderen »Gastarbeiter« auch, nur ein paar Jahre in Deutschland arbeiten und wieder nach Hause gehen. Aber die meisten sind doch geblieben.

Besondere Erinnerungen gibt es auch an die Griechen, die sich entlang der Ammertalbahn zwischen Tübingen und Herrenberg angesiedelt haben. Zeitweise wohnten allein 200 von ihnen in Pfäffingen. Der Schaffner der Bahn soll deshalb öfters ausgerufen haben: »Nächste Station Saloniki Hauptbahnhof!«

Heute wäre für die erste »Gastarbeitergeneration«, die Pioniere der Ausländerbeschäftigung, ein »Denkmal« im übertragenen wie

Die portugiesische »Gastarbeiterin« Elisa Beatrice Soi (hinten) mit einer spanischen Kollegin, aufgenommen in den Fabrikhallen von Salamander in Kornwestheim.

auch im wörtlichen Sinne wichtig. Erste Schritte in diese Richtung gab es bereits: Seit der Umgestaltung des Ortskerns in Stuttgart-Obertürkheim ist die Bronzestatue »Der Ausländer« an der Bushaltestelle gegenüber dem Bahnhof ein Blickfang. Die Skulptur des Remstaler Künstlers Guido Messer war zunächst für die Fußgängerzone der Gemeinde Reichenbach an der Fils bestimmt gewesen. Aber Querelen in der Gemeinde blockierten sieben Jahre lang eine Realisierung des Entwurfs, so der Künstler im Rückblick. Ersatzweise kam das Projekt dann 1990 nach Stuttgart-Obertürkheim. Seit 1993 ist ein Duplikat der Skulptur sogar im Haus der Geschichte der Bundesrepublik Deutschland in Bonn zu sehen, was den Bewusstseinswandel in Sachen Einwanderung deutlich macht.

Im Stuttgarter Nordbahnhofviertel wurde 2010 eine Stele von Heinz Blaschke aufgestellt, auf der Herkunftsländer der ausländischen

Einwohner im Viertel aufgelistet sind. Auf dem Sockel der Stele sind drei Werte aufgezählt: Demokratie, Grundgesetz, Deutsche Sprache. Darauf stapeln sich 15 Platten mit ausgewählten Ländernamen. »Das Kunstwerk soll ein sichtbares Zeichen dafür sein, wie wir unseren Stadtteil längst sehen«, sagte Bezirksvorsteherin Andrea Krueger (CDU) bei der Einweihung, »als ein Viertel, das aus vielen verschiedenen Teilen zu einem Ganzen wird«.

Die türkischstämmige Gemeinschaft in der Diskussion

Die Türkinnen und Türken stehen heute mit 257 000 Personen in Baden-Württemberg nach wie vor an der Spitze der Ausländerstatistik. In letzter Zeit ist es um sie etwas ruhiger geworden, auch weil die Flüchtlinge in den Fokus von Politik und Medien rückten. Durch die politischen Ereignisse in der Türkei wie den Kurdenkonflikt, durch die Armenien-Resolution des Deutschen Bundestages im Jahr 2016 oder durch das Abstimmen vieler in der Türkei wahlberechtigter »Deutschtürken« für den Autokraten Erdoğan sind sie jedoch immer wieder in die Schlagzeilen geraten.

Jahrzehntelang bestimmten Warnungen vor »Ghettos« oder »Parallelgesellschaften« das Bild der angeblich integrationsunwilligen Türkinnen und Türken im Land. Das »Ausländerproblem« war lange Zeit in Politik, Gesellschaft und Medien ein »Türkenproblem«. Dabei zeigt sich ein immer wieder zu beobachtendes Phänomen in der Einwanderungsdebatte: Die Diskussionen kommen und gehen – und die Gruppen, die davon betroffen sind, wechseln. So können die Türken jederzeit wieder in den Brennpunkt geraten, zumal wenn sich die Debatte um die »Flüchtlingskrise« gelegt hat und wieder alte Stereotype aufgewärmt werden.

Dabei lassen sich die oft kritisierten Integrationsprobleme bei der türkischen Wohnbevölkerung, aber auch bei anderen Einwanderergruppen, gar nicht leugnen. Plötzlich spielen sie aber scheinbar keine Rolle mehr. Wobei gerade die Integration der Türkinnen und Türken insgesamt viel besser ist als ihr Ruf, wie verschiedene Untersuchungen beispielsweise der Konrad-Adenauer-Stiftung im Lauf der Jahre herausgearbeitet haben.

Die Skulptur »Der Reisende« in Stuttgart-Obertürkheim. Ein Duplikat steht heute im Haus der Geschichte der Bundesrepublik Deutschland in Bonn.

Neue Einwanderer aus EU-Ländern

Überraschend trat in den letzten Jahren eine neue Gruppe von Arbeitssuchenden auf den Plan: junge Leute aus Griechenland, Spanien, Portugal und Italien, also aus den klassischen »Gastarbeiterländern«. Viele davon kamen in das wirtschaftsstarke Baden-Württemberg. Als EU-Bürgerinnen und -Bürger genießen sie Freizügigkeit und können sich im gesamten Gebiet der Europäischen Union frei bewegen und niederlassen. Allerdings müssen sie ab einem Aufenthalt von mehr als drei Monaten in Deutschland nachweisen, dass sie erwerbstätig oder arbeitsuchend sind oder über ausreichend finanzielle Mittel zur Daseinsvorsorge verfügen. Diese neuen »Gastarbeiter« machten 2017 rund 54 Prozent aller neuen Zuwanderer aus. Auch in den Jahren vor der »Flüchtlingskrise« betrug ihr Anteil an den Neuzuwanderern über die Hälfte all derjenigen, die nach Deutschland einreisten. Wie ihre Großeltern, die als Arbeitskräfte vor Jahrzehnten angeworben worden waren, suchten sie ihr Glück in Deutschland. Baden-Württemberg verzeichnete seit 2005 starke Zuwanderungsgewinne von EU-Bürgerinnen und -Bürgern durch diese Entwicklung wie auch durch die Erweiterung der EU um Estland oder Kroatien. Aber auch aus Polen, Ungarn und Rumänien kamen in den letzten Jahren viele Zuwanderer nach Baden-Württemberg, oftmals mit hohen Bildungsabschlüssen und guten Berufsausbildungen.

Ausländerpolitik – vom Rotationsprinzip zur Integration

Die Ausländerpolitik – heute spricht man von Migrationspolitik – war schon immer ein Zankapfel in Baden-Württemberg. Seit Beginn der Ausländerbeschäftigung versuchte das Land Einfluss in diesem politisch wichtigen Bereich auszuüben, beispielsweise mit dem Versuch, über den Bundesrat Rückkehrprämien einzuführen. Im Jahr 1973 sorgte der baden-württembergische Ministerpräsident Hans Filbinger (CDU) bundesweit für Schlagzeilen, als er das »Rotationsprinzip« in die Debatte einbrachte. Nach einigen Jahren sollten die ausländischen Arbeitnehmer seiner Meinung nach gegen neue ausgetauscht werden. Diese Idee, die von der Opposition und von den Gewerkschaften in Baden-Württemberg heftig kritisiert wurde, erläuterte Filbinger so:

> »Das beste System mit den Gastarbeitern besteht darin – und zwar in beiderseitigem Interesse –, dass nach einiger Zeit, vielleicht nach drei Jahren, die Gastarbeiter wieder nach Hause zurückkehren zu ihren Familien, sofern sie die Familie dabei haben, diese mit nach Hause nehmen, und dass die dann ersetzt werden durch neue und junge Gastarbeiter, die dann zu uns kommen.«

Das »Rotationsprinzip« ließ sich aber schon deshalb nicht verwirklichen, weil die Wirtschaft sich dagegen sträubte. Sie war daran interessiert, einmal eingearbeitete ausländische Arbeitskräfte auch längerfristig zu behalten. Außerdem waren die Widerstände gegen solche Pläne auf Landes- und Bundesebene zu stark. Trotzdem setzte sich der Gedanke als »freiwillige Rotation« in der deutschen Ausländerpolitik fest.

Der Anwerbestopp, der 1973 verhängt wurde, erreichte dann genau das Gegenteil von dem, was beabsichtigt war: Statt die Ausländerzahlen zu verringern, führte er bald zu einem Anstieg. Diejenigen, die schon hier waren, blieben, denn sie wussten, dass sie nicht nach Deutschland zurückkehren konnten. Außerdem holten sie ihre Familien nach oder gründeten Familien in Deutschland. Zwar ging die Zahl der ausländischen Arbeitnehmer in Baden-Württemberg zunächst um 25 Prozent zurück. Auch die ausländische Wohnbevölkerung verringerte sich um zehn Prozent, nicht aber die Zahl der hier lebenden schulpflichtigen Kinder. Sie stieg innerhalb von zwei Jahren um jährlich vier Prozent auf 105 000 im Jahr 1977 und stellte das Land vor große Integrationsprobleme.

Auch der Leitgedanke »Integration und Rückkehr« wurde unter baden-württembergischer Beteiligung formuliert. Bereits 1975 veröffentlichte die Landesregierung eine umfassende »Denkschrift über ausländische Arbeitnehmer in Baden-Württemberg«, eines der ersten Dokumente dieser Art auf Landes- und Bundesebene. Zahlreiche Dokumentationen, Berichte und Vorschläge folgten im Lauf der Jahre.

Nicht zuletzt auf Grund der Vorschläge aus Baden-Württemberg wurde 1975 gemäß der Absprache in einer Bund-Länder-Arbeitsgruppe für das gesamte Bundesgebiet der Zuzug ausländischer Arbeitnehmer in so genannte »überlastete Siedlungsgebiete« begrenzt. Wie eine Fallstudie zu dieser Regionalsteuerung zeigt, führte die Sperre jedoch zu einem Arbeitskräftemangel in den Ballungsräumen und wurde schließlich wegen der Proteste aus den betroffenen Regionen wieder aufgehoben. In einem Brief an das Stuttgarter Wirtschaftsministerium betonten beispielsweise die Landesvereinigung der Arbeitgeberverbände, die Arbeitsgemeinschaft der Industrie- und Handelskammern und der Landesverband der Industrie, dass eine staatliche Limitierung des Anteils ausländischer Arbeitnehmer in den Verdichtungsgebieten einen schweren Eingriff in die Wirtschaftsordnung darstelle, der zu Schäden für das Einzelunternehmen und für die gesamte Volkswirtschaft führen könne. Die Industrie- und Handelskammer Mittlerer Neckar bezeichnete die Beschränkungen sogar als »geradezu planwirtschaftlichen Eingriff in das Wirtschaftsleben«.

Im Jahr 1975 zahlte Baden-Württemberg Rückkehrprämien an ausländische Arbeitnehmer im Raum Heilbronn. Solche Maßnahmen entsprachen durchaus der Stimmung in der deutschen Bevölkerung. Umfragen zufolge glaubte damals jeder zweite Bundesbürger, die ausländischen Arbeitnehmer seien schuld an der Arbeitslosigkeit in Deutschland. Ein »Rückkehrmodell« für arbeitslose Jugoslawen, Einschränkungen des Familiennachzugs oder Forderungen nach einer restriktiven Asylpolitik – immer wieder übernahm die baden-württembergische Regierung, wie sie selbst formulierte, »bundespolitisch Schrittmacherdienste«. Bereits Anfang der 1970er Jahre wurden im Land Pläne zur Verringerung der Ausländerzahlen entwickelt, die dann rund zehn Jahre später von der Regierung Helmut Kohl (CDU) aufgegriffen wurden. 1976 legte das Land einen Entwurf zur Novellierung des Ausländergesetzes vor, aus dem sich vieles im Entwurf des Bundesinnenministeriums vom Jahr 1983 wiederfand.

Von 1979 bis 1980 standen dann plötzlich Integrationskonzepte im Mittelpunkt der Ausländerpolitik. Baden-Württemberg schaltete sich dieses Mal mit Ministerpräsident Lothar Späth (CDU) in die Diskussion ein, der sagte:»Wir sind Einwanderungsland.« Gerade

Mit diesem Plakat starteten Gewerkschaften zu Beginn der 1970er Jahre eine Aktion gegen Ausländerfeindlichkeit und für die Solidarität mit »Gastarbeitern« als Kollegen.

von kirchlichen Kreisen wurde diese Aussage als sensationelle Wende in der Ausländerpolitik empfunden. Bei der Beantwortung einer Landtagsanfrage bekräftigte der Ministerpräsident, die Bundesrepublik Deutschland sei »für eine große Zahl von Ausländern praktisch zu einem Einwanderungsland geworden«. Auch in dieser integrationspolitischen Phase spielte die Landesregierung in der vordersten Reihe mit und veröffentlichte eine »Konzeption zur Verbesserung der Situation der zweiten Ausländergeneration«. Allerdings standen schon bald wieder restriktive Maßnahmen im Zentrum der Überlegungen. Die Chancen für eine vorausschauende Integrationspolitik – aufbauend auf einem klaren Bekenntnis zum Einwanderungsland – wurden vertan. Vielmehr setzte sich das Motto »Rückkehrbereitschaft stärken« in der Ausländerpolitik zu Beginn der 1980er Jahre durch. Bei restriktiven Erlassen insbesondere zur Einschränkung des Familiennachzugs stand Baden-Württemberg an vorderster Stelle.

Das neue Klima der ausländerpolitischen Diskussion artikulierte sich auch im »Heidelberger Manifest« vom 17. Juni 1981. Eine Gruppe von Hochschulprofessoren wandte sich darin gegen die – wie es hieß – »Unterwanderung des deutschen Volkes« durch Ausländer, gegen die »Überfremdung unserer Sprache, unserer Kultur und unseres Volkstums«. Ausländerfeindlichkeit schlug sich Anfang der 1980er Jahre in Bürgerinitiativen für einen »Ausländer-Stopp« nieder. Unter Androhung von Anschlägen und mit Parolen wie »Deutschland den Deutschen!« versuchte beispielsweise 1982 in Baden-Württemberg eine ausländerfeindliche Gruppe, Firmen zu erpressen. Sie verlangte die Entlassung ausländischer Arbeitnehmer.

Rechtsradikale Strömungen haben gerade in Baden-Württemberg Tradition. Bereits 1968 zog die NPD mit fast zehn Prozent der Stimmen in den Landtag ein. Insgesamt war die Partei in sieben deutschen Landtagen vertreten. Bürgerinitiativen wie die Interessengemeinschaft Ausländische Mitbürger e. V., die sich schon frühzeitig in der Ausländer- und Flüchtlingsarbeit ehrenamtlich engagierten, wurden bereits in den 1980er Jahren massiv bedroht. Heutzutage kommen »Shit-Mails«, damals Briefe wie dieser:

»Was soll denn das dumme Gerede, dreckige Türken zu integrieren? Wir wollen privat mit diesem Pack nichts zu tun haben. […] Wenn Sie und Ihre Helfershelfer das wollen, dann sind bei Ihnen ein paar Schrauben locker. […] Wer sich als Ausländer bei uns mausig macht, randaliert, stiehlt, mordet, den werden wir jagen und das Fürchten lehren.«

Dabei zitierten fremdenfeindliche Initiativen immer wieder Ministerpräsident Lothar Späth (CDU) und andere Vertreter der Landesregierung mit ihren Warnungen vor der Gefahr einer »Ausländerüberflutung«.

Die Mordanschläge des NSU (Nationalsozialistischer Untergrund) haben eine lange Vorgeschichte, die 1980 zu einer Häufung terroristischer Anschläge von rechtsradikalen Gruppierungen führte. Dem Anschlag auf das Münchner Oktoberfest fielen im September 1980 13 Menschen zum Opfer. Einer der Täter, ein Student, der identifiziert wurde, kam aus Tübingen. Es war der blutigste Anschlag in der jüngeren deutschen Geschichte, bei dem 213 Menschen verletzt wurden, 68 davon schwer. Bis heute ist die Tat nicht endgültig aufgeklärt. Ein weiteres Beispiel sind die von dem rechtsextremistischen Anwalt Manfred Roeder gegründeten Deutschen Aktionsgruppen, die 1980 unter anderem einen Sprengstoffanschlag auf das Landratsamt Esslingen verübten, in dessen Räumen eine Auschwitz-Ausstellung gezeigt wurde, sowie auf das Haus des Esslinger Landrats Hans-Peter Braun. Wenig später folgte ein Brandanschlag auf eine Asylbewerberunterkunft in Lörrach.

Im Landtagswahlkampf in Baden-Württemberg wiederholte sich 1996 die Einwanderungsdebatte, die früher schon um Türken und Asylbewerber geführt worden war. Angesichts hoher Arbeitslosigkeit, so argumentierten diesmal die Sozialdemokraten, sei es unverantwortlich, über 200 000 Aussiedler ins Land hereinzulassen. Allerdings brachte diese Argumentation der SPD keine Wählerstimmen.

In der Debatte um Zuzugsbeschränkungen wurde 2001 nach den Terroranschlägen in den USA die Zuwanderung verstärkt mit Aspekten der äußeren und inneren Sicherheit verknüpft. Baden-Württembergs Ministerpräsident Erwin Teufel (CDU) betonte angesichts der bevorstehenden Bundestagswahlen, eine große Volkspartei müsse die Fragen der Bürger zu diesen Themen beantworten. Schon die Landtagswahl 1992, bei der in der Folge der Asyldebatte die rechtsextremen »Republikaner« mit fast elf Prozent der Stimmen in das Stuttgarter Parlament einzogen, aber auch die Erfolge der »Schill-Partei« bei der Hamburger Bürgerschaftswahl hätten dies gezeigt. Als Erwin Teufel in der Sitzung des Bundesrats am 20. Dezember 2001 den Vorschlag präsentierte, das Nachzugsalter von ausländischen Kindern noch weiter zu senken – »grundsätzlich auf sechs – ich sage: noch viel besser auf drei Jahre« –, ging er über die Forderung seiner Bundespartei hinaus, die zehn Jahre gefordert hatte. Auf Ablehnung stieß er damit auch bei seinem Stuttgarter Koalitionspartner, der FDP. Der baden-württembergische Ministerpräsident wiederholte damit aber nur einen Vorschlag, der in der Ausländerpolitik des Landes seit langer Zeit eine zentrale Rolle spielte. Zuwanderung müsse, so Teufel im Bundesrat,

> »auf ein Maß begrenzt werden, das sowohl die Aufnahmebereitschaft der Deutschen als auch das Integrationsbedürfnis der Zuwanderer und unser Interesse an der Integration berücksichtigt. Wenn ich die schon vorhandenen Parallelgesellschaften in unseren Großstädten betrachte, erkenne ich, dass in beiderlei Hinsicht die Obergrenzen bereits erreicht sind.«

Das Thema »Obergrenze« oder »Grenze der Belastbarkeit« wurde in der Ausländerpolitik immer wieder diskutiert. 2018 führte es – verbunden mit der Forderung von Innenminister Horst Seehofer (CSU) nach Zurückweisungen an der Grenze – beinahe zum Scheitern der Bundesregierung von CDU/CSU und SPD.

»Integration gemeinsam schaffen«

In der Migrationspolitik in Baden-Württemberg ist aber auch wieder der Integrationsgedanke in den Vordergrund gerückt. Bereits seit 1996 verfügte Baden-Württemberg über eine bundesweit einmalige Konstruktion: Der Justizminister des Landes saß bis 2011 zugleich als Ausländerbeauftragter am Kabinettstisch. Diese Einrichtung war eine alte Forderung der SPD, die sich damit in der Großen Koalition (1992–1996) aber nicht hatte durchsetzen können. Erst der FDP gelang es, für Ulrich Goll die Personalunion des Ausländerbeauftragten mit dem Justizminister einzurichten. Im Lauf der Jahre wurde die Bezeichnung in »Integrationsbeauftragter« geändert, ein Kabinettsausschuss Integration unter seinem Vorsitz gebildet und ein Integrationsplan für Baden-Württemberg verabschiedet.

»Integration gemeinsam schaffen« – unter diesem Leitgedanken stand der Integrationsplan des Landes vom Sommer 2008. Oberste Ziele des Plans waren die gleichberechtigte Teilhabe von Migranten in allen Lebensbereichen nach dem Grundsatz des »Förderns und Forderns«. Außerdem sollten die Sprachförderung im Vorschulalter intensiviert sowie die Bildungs- und Ausbildungssituation von jungen Menschen mit Migrationshintergrund verbessert werden. Zu den Vorhaben der Landesregierung gehörten unter anderem die Einführung von Bildungscoachs, der Abschluss von Bildungsvereinbarungen zwischen Bildungseinrichtungen und Elternhaus, die Prüfung des Verfahrens zur Anerkennung von ausländischen Abschlüssen sowie die Auslobung eines Integrationsforschungspreises. Vor allem hatte sich die Landesregierung das ehrgeizige Ziel gesetzt, »innerhalb der kommenden fünf Jahre die Abbrecher- und Wiederholerquoten deutlich zu senken und die Angleichung der Quoten von Kindern und Jugendlichen mit Migrationshintergrund an den Gesamtdurchschnitt aller Schülerinnen und Schüler zu erreichen« – ein Ziel, das sich aber erwartungsgemäß in so kurzer Zeit nicht erreichen ließ.

Alles in allem muss rückblickend auf die Jahre 2005 bis 2011 in Baden-Württemberg jedoch festgestellt werden, dass die Funktion des Integrationsbeauftragten nur halbherzig wahrgenommen wurde. Das Thema Integration spielte keine bestimmende Rolle in der Landespolitik, sondern wurde eher stiefmütterlich behandelt. Die Stabsstelle beim Beauftragten war personell und finanziell nur minimal ausgestattet, das Thema wurde auf Sparflamme gekocht.

Nach dem Wahlerfolg von Grünen und SPD im Jahr 2011 schuf die Landesregierung unter Ministerpräsident Winfried Kretschmann (Grüne) auf Druck der SPD ein eigenes Ministerium für Integration mit der Ministerin Bilkay Öney (SPD). Mit zahlreichen Initiativen – beispielsweise zur Abschaffung der »Optionspflicht«, nach der junge Erwachsene, die durch ihre Geburt in Deutschland die deutsche Staatsbürgerschaft zusätzlich zur ausländischen ihrer Eltern erworben haben, sich für eine davon entscheiden müssen – ist die Ministerin an die Öffentlichkeit getreten. Das neue Ministerium hat sich auch beim Thema Einbürgerung hervorgetan. Den »Gesprächsleitfaden« im Einbürgerungsverfahren, der als »unnötige Gesinnungsprüfung« umstritten war, hat die Ministerin gleich zu Beginn ihrer Amtszeit abgeschafft.

Zum ersten Mal wurde auch das Thema Integrationsforschung in einem Ministerium verankert. Unter der Federführung des Politikwissenschaftlers Andreas Wüst entstand dabei im Ministerium die Untersuchung »Gelebte Vielfalt. Ergebnisse und Analysen einer repräsentativen Bevölkerungsumfrage zur Integration in Baden-Württemberg« im Jahr 2012. Nach dieser Studie wird an Zuwanderern geschätzt, »dass sie die Gesellschaft bereichern: durch ihre Vielfalt, durch Kulturen und Bräuche, aber auch durch eine andere Esskultur«. Zuwanderer beschreiben die Befragten als offener im Umgang und häufig auch als sehr freundlich und höflich. Deutlich seltener äußern die befragten Bürger allerdings, dass Zuwanderer zum wirtschaftlichen Erfolg des Landes beitragen und dabei oft weniger attraktive Arbeitsplätze einnehmen. Die Bürger empfinden es vor allem als störend, wenn Zuwanderer kein Deutsch lernen und sich nicht integrieren wollen. Der Bevölkerung missfällt es ebenso häufig, wenn Zuwanderer unter sich bleiben. »Insofern stehen – prinzipiell behebbare – Integrationsdefizite im Fokus der Kritik der Einheimischen an Zuwanderern«, so ein Fazit der Studie.

Von den Zuwanderern erwarten die Baden-Württemberger zuerst Gesetzestreue, das Erlernen der deutschen Sprache, das Bemühen um einen Arbeitsplatz und einen erfolgreichen Bildungsabschluss. Die grundsätzliche Toleranz und Offenheit – so die Untersuchung weiter – zeigt sich darin, dass das Tragen von Kopftüchern, der Bau von Moscheen und das Sprechen einer fremden Sprache in der Öffentlichkeit nur von jeweils einem Drittel der Befragten als störend empfunden wird. Der Stand der Integration von Zuwanderern in Baden-Württemberg wird nach dieser Studie insgesamt als gelungen charakterisiert. Weitere für die Integrationspolitik wichtige Studien aus dieser Zeit beschäftigen sich mit der »Einbürgerungspraxis in Baden-Württemberg 2013« oder mit dem »Generationenvergleich der fünf größten Zuwanderergruppen 2014«.

Deutlich über 500 Moscheen und islamische Gebetshäuser gibt es in Baden-Württemberg. Die 1995 fertig gestellte Yavuz-Sultan-Selim-Moschee im Mannheimer Stadtteil Jungbusch ist die größte davon.

Der interkulturelle und interreligiöse Dialog – der Runde Tisch Islam – war genauso ein Anliegen der Ministerin mit türkischem Migrationshintergrund wie die interkulturelle Öffnung oder das Anerkennungsgesetz zur Chancengleichheit auf dem Arbeitsmarkt. Was die Kompetenzen und die Möglichkeiten des Ministeriums betraf, war der Kernbereich des Ausländerrechts aber nach wie vor in der Zuständigkeit des Innenministeriums geblieben. Auf jeden Fall hatte das Integrationsministerium eine hohe positive Symbolkraft und unterstrich die Wertigkeit des Themas in der Landespolitik.

Schon bald stellte sich jedoch heraus, dass das Ministerium – mit wenig Personal, kaum Kompetenzen und einem völlig unzureichenden Etat – doch eher als halbherziges Experiment denn als ernst gemeinte Institution betrachtet werden müsste. Mit dem Regierungswechsel zur grün-schwarzen Koalition im Jahr 2016 wurde das eigenständige Integrationsministerium dann sang- und klanglos zu Grabe getragen. Eine Auswertung dieses bundesweit einmaligen Modells wäre sicherlich wünschenswert gewesen.

Mit der neuen Regierung fielen die wichtigsten Bereiche des Ausländerrechts, Ausländerbehörden, Einbürgerung und Staatsangehörigkeit wieder in das Innenministerium, genauer in das Ministerium für Inneres, Digitalisierung und Migration Baden-Württemberg unter Minister Thomas Strobl (CDU). Für die Integration zuständig wurde das Ministerium für Soziales und Integration mit Manne Lucha (Grüne) an der Spitze. Die Chance, den gesamten Bereich Migration und Integration in einem Ministerium zu bündeln, wurde damit – wie auch bisher auf Bundesebene – erneut vertan. Vielmehr wurde Migration, also vor allem alle Fragen, die Einwanderung betreffen, von der Integration getrennt, obwohl von Politikern immer wieder betont wurde, dass dies zwei Seiten einer Medaille seien, die man nicht voneinander trennen dürfe. Im Klartext: Wenn Einwanderung stattfindet, müssen gleichzeitig auch integrationspolitische Maßnahmen erfolgen – und beide politischen Kompetenzbereiche sollten in einer Hand liegen.

Auch die Flüchtlingspolitik, die in den letzten Jahren die Diskussion bestimmt hat, bleibt wie auf Bundesebene im Bereich des Innenministeriums, das traditionell eine ordnungspolitische, konservative Linie verfolgt. So arbeitet bezeichnenderweise das Innenministerium in Stuttgart auf seiner Homepage Anfang 2019 immer noch mit dem veralteten und überholten Begriff der »ausländischen Mitbürgerinnen und Mitbürger«, während das Sozial- und Integrationsministerium wie selbstverständlich von »Einwanderinnen und Einwanderern« spricht und damit die Realität anerkennt. Vom Sozial- und Integrationsministerium wurde 2019 auch ein »Gesellschaftsmonitoring Baden-Württemberg« online gestellt, das Fakten und Analysen zu zentralen Gesellschaftsthemen und damit auch zum Thema Integration in die Öffentlichkeit bringen soll.

Fast zwangsläufig kommt es zwischen den beiden für das Thema Migration/Integration zuständigen Ministerien zu Kompetenzgerangel. Am 27. März 2019 veröffentlichte beispielsweise das für Migration zuständige Innenministerium eine Pressemitteilung zur »Bleibeperspektive für gut integrierte Geduldete in Arbeit«. Im

Vorgriff auf eine entsprechende gesetzliche Regelung auf Bundes-ebene, so Minister Thomas Strobl, habe sein Haus veranlasst, »dass durch das Regierungspräsidium Karlsruhe künftig Ermessensdul-dungen für ausreisepflichtige Ausländer in Beschäftigung erteilt werden können«. Damit komme man einem vielfach geäußerten Wunsch aus der Unternehmerschaft in Baden-Württemberg nach. Dem für Integration zuständigen Minister Manne Lucha blieb nichts anderes übrig, als mit einer Pressemitteilung den Vorstoß seines Kabinettskollegen zu begrüßen: »Es ist gut, dass sich mit dem heute veröffentlichten Erlass auch der Innenminister zu einer klaren Blei-beperspektive für gut integrierte Geflüchtete bekennt.« Lucha wies allerdings auch auf die Integrationspolitik seines Ministeriums hin, mit der »Baden-Württemberg bundesweit Maßstäbe« gesetzt habe.

Migrationspolitiker aus Baden-Württemberg

Im Jahr 2005 setzte die Bundesregierung Maria Böhmer (CDU) als Integrationsbeauftragte ein. Das Amt bekam den Namen »Beauftragte der Bundesregierung für Migration, Flüchtlinge und Integration« und wurde mit dem Rang einer Staatsministerin im Bundeskanzleramt verortet, während die früheren Beauftragten unterschiedlichen Res-sorts wie zum Beispiel dem Bundesarbeitsministerium zugeordnet waren. Die Tatsache, dass die Bundeskanzlerin das Thema Integra-tion zur Chefsache machte, darf aber nicht darüber hinwegtäuschen, dass die Macht in der Migrationspolitik – wie auf Landesebene in Baden-Württemberg beim Landesinnenminister – traditionell beim Bundesinnenminister liegt. Alle Innenminister haben dabei eine ordnungspolitische, eher von Abwehr als von Integration geprägte Linie in der Ausländerpolitik vertreten. Der Bundesinnenminister verfügt über Personal und Geld, von dem die Bundesbeauftragte nur träumen kann. Ihm ist das Bundesamt für Migration und Flüchtlinge unterstellt, er herrscht über die Bestimmungen im Zuwanderungs-gesetz und in der Asylpolitik.

Nach der Bundestagwahl 2018 wurde Annette Widmann-Mauz (CDU) zur Staatsministerin bei der Bundeskanzlerin und zur Beauf-tragten der Bundesregierung für Migration, Flüchtlinge und Integ-ration ernannt. In Tübingen geboren, vertritt sie als direkt gewählte Bundestagsabgeordnete den Wahlkreis Tübingen-Hechingen. Wie

Cem Özdemir im Jahr 2018 bei einem Podiumsgespräch mit Karl-Heinz Meier-Braun zur Migrations- und Asylpolitik in der Heinrich-Böll-Stiftung in Berlin.

ihre Vorgängerinnen versucht die Bundesbeauftragte, die Diskussion in der Migrations- und Flüchtlingspolitik zu versachlichen. Annette Widmann-Mauz kritisierte beispielsweise, dass die Themen Migration, Islam und Flüchtlinge im Internet zum »Spielfeld für Unwahrheiten« geworden seien. »Manchmal hat man den Eindruck, je größer der Unsinn, desto größer die Verbreitung«, sagte sie auf einer Medienkonferenz in Berlin. Leider blieben Falschmeldungen und Halbwahrheiten nicht auf Filterblasen beschränkt, sondern flössen zunehmend in öffentliche Debatten mit ein. Zumindest indirekt einen Vorschlag der Karlsruher Soziologin Annette Treibel von Integrationskursen für Deutsche aufgreifend, kritisierte sie Populisten als die »wahren Integrationsverweigerer«. Diese Menschen bräuchten eigentlich die für Migranten vorgesehenen »Orientierungskurse in Demokratie und Verfassungsrecht«, so Widmann-Mauz.

Neben ihr hat Baden-Württemberg noch weitere bundesweit bekannte Migrationspolitiker. Cem Özdemir, in Bad Urach aufgewachsenen, war langjähriger Bundesvorsitzender der Grünen. Seit Beginn seiner politischen Karriere vertritt er eine klare zukunftsorientierte Linie, die vom Einwanderungsland Deutschland ausgeht. Bei einer Bundestagsdebatte über den Fall des deutsch-türkischen Journalisten Deniz Yücel rechnete Özdemir 2018 in einer leidenschaftlichen Rede mit der AfD ab, der er Rassismus und die Verachtung des demokratischen Systems der Bundesrepublik vorwarf. In der von der AfD beantragten Debatte rückte er die Rechtspopulisten indirekt in die Nähe von Nazis und sagte:»Ihr tobender Mob wollte mich am Aschermittwoch abschieben.« Das gehe leicht, so Cem Özdemir, denn demnächst fahre er wieder nach Bad Urach:»Da ist meine schwäbische Heimat, und die lasse ich mir von Ihnen nicht kaputtmachen.« Den AfD-Abgeordneten rief er zu:»Dieses Deutschland ist stärker, als es Ihr Hass jemals sein wird.« Das Seminar für Allgemeine Rhetorik der Universität Tübingen zeichnete den Debattenbeitrag von Özdemir als»Rede des Jahres« aus. Seine Rede sei ein eindrückliches Plädoyer für eine offene Gesellschaft, gegen Ausgrenzung und Spaltung, so die Jury in ihrer Begründung.

Auch Muhterem Aras (Grüne), die Präsidentin des Landtags von Baden-Württemberg, sieht sich immer wieder Angriffen der AfD ausgesetzt. Sie wurde 2016 als erste Frau und als erste Person aus einer Einwandererfamilie in dieses hohe Staatsamt gewählt. Aus diesem Anlass sagte eine AfD-Abgeordnete, ihre Wahl sei ein Zeichen, dass die»Islamisierung Deutschlands doch voll im Gang« sei. Die Landtagspräsidentin, die weithin als prominentes Beispiel und als Vorbild für die vielen gelungenen Integrationsprozesse im Land gilt, sagt von sich selbst, dass sie»so ziemlich alles verkörpere, was die AfD hasst«.

Muhterem Aras kam im Alter von zwölf Jahren 1978 aus Ostanatolien nach Sielmingen auf den Fildern, ohne ein Wort Deutsch zu sprechen. Nach Abitur und Studium der Wirtschaftswissenschaften gründete sie ein Steuerberatungsbüro und ging in die Politik, in den Stuttgarter Gemeinderat und 2011 in den Landtag. Ihr politisches Engagement begann bereits Anfang der 1990er Jahre, als Deutschland von ausländerfeindlichen Ausschreitungen erschüttert wurde. Ihr ging es damals darum, dieses Land, das längst ihre Heimat geworden war, gegen rechtsextreme Angriffe zu verteidigen. Heute setzt sie sich als Landtagspräsidentin unter anderem stark für die Grundrechte, für die Demokratie und für eine offene und tolerante

Gesellschaft ein. Ihr Credo: Das Grundgesetz ist die beste Verfassung, die Deutschland je hatte, weil es Werte und Rechte als Leitplanken vorgibt, die es ermöglichen, dass Menschen jeglicher Herkunft und Religion in einer vielfältigen Gesellschaft friedlich zusammenleben und respektvoll miteinander umgehen können.

Muhterem Aras und Cem Özdemir betonen bei der Schilderung ihrer Lebenswege, dass ihre Eltern der ersten »Gastarbeitergeneration« angehörten und den Kindern nur wenig in der schulischen und beruflichen Laufbahn helfen konnten. Umso wichtiger sei es gewesen, dass sie von Lehrern und anderen Menschen in ihrer Umgebung ermutigt und gefördert worden seien. Cem Özdemir erinnerte bei der Verleihung des Dolf-Sternberger-Preises in Heidelberg am 1. Februar 2019 an seine frühere Lehrerin, die sein Interesse für die Politik geweckt und ihn zur Erkenntnis gebracht habe, dass das Grundgesetz »keine kulturelle, sondern eine politische, eine demokratische Klammer für die Menschen in diesem Lande« anbietet. So sei er deutscher Staatsbürger und »Patriot aus Anerkennung« geworden. Landtagspräsidentin Muhterem Aras erzählte in einer Rede unter dem Motto »Vielfalt als Chance« ganz persönlich von der Bauernfamilie in Sielmingen, die ihr und ihrer Familie die neue Heimat ganz selbstverständlich jeden Tag ein Stück näher gebracht habe:

»Wir waren bald ein Teil der Familie. Wir durchliefen quasi ein Integrationsprogramm, das getragen war von Zuwendung. Deutschland war – fast unbemerkt – meine Heimat geworden. Die deutsche Staatsbürgerschaft ist mir seit Langem so selbstverständlich wie anderen Deutschen auch. Hier bin ich zu Hause! Ich begreife es als großes Glück, dass wir solche wunderbaren Begleiter bei unseren Schritten in der Fremde hatten.«

Vielleicht ist das auch der Schlüssel zur vielbeschworenen Integration, dass man aufeinander zugeht, sich kennen lernt und unterstützt – bei allen Verschiedenheiten, die bestehen bleiben. Denn oft sind es die kleinen Schritte, mit denen sich Integration im Alltag in aller Stille vollzieht – und vielerorts schon gelungen ist. Letztendlich geht es bei der Integration um Chancengleichheit in wichtigen Be-

*Landtagspräsidentin Muhterem Aras (Zweite von links) bei einer
»Wertsachen«-Veranstaltung in Mannheim im Juli 2017 zusammen mit
dem Kabarettisten Fatih Çevikkollu, der Schriftstellerin und Journalistin
Jagoda Marinić, dem Ex-Fußballprofi und Integrationsbeauftragten des
Deutschen Fußball-Bundes Claudemir Jerônimo Barreto (Cacau) und
Silke Gmeiner (SWR, ganz links). Mit ihrer landesweiten Gesprächsreihe
»Wertsachen – was uns zusammenhält« setzt sich Muhterem Aras für
die Grundrechte, für Demokratie und für eine offene Gesellschaft ein.*

reichen der Gesellschaft und um die Angleichung der Lebensverhält-
nisse für Zuwanderer an die Verhältnisse der gesamten Bevölkerung.
Die soziale Integration – die Kontakte zwischen Einwanderern und
Einheimischen beispielsweise in Vereinen – spielt dabei eine besondere Rolle. Bei der Integration handelt es sich aber auch um das
»Gefühl« der Zugehörigkeit, um die Identifikation mit der Aufnahmegesellschaft.

Beispiele gelungener Integration wie Cem Özdemir oder Muhterem Aras als Prominente finden sich in Baden-Württemberg vielerorts. Leider stehen aber oft die gescheiterte Integration und die
negativen Seiten der Einwanderung im Fokus von Politik, Öffentlichkeit und Medien. Die prominenten Politiker oder Angehörige
anderer Eliten mit Migrationshintergrund werden allzu gern auf

diesen reduziert und als exotische Ausnahme von der scheinbaren Regel einer unzureichenden Integration der Migrationsbevölkerung abgestempelt. Dabei wäre es umso wichtiger, dass die alltäglichen Lebensläufe gelungener Integration viel öfter erzählt würden, im Sinn eines positiven Bildes der Gesellschaft im Einwanderungsland Deutschland.

Manfred Rommels ausländerpolitisches Vermächtnis

Ein hoher Stellenwert in der Migrationspolitik Baden-Württembergs kommt Manfred Rommel (CDU) und der kommunalen Ausländerpolitik in Stuttgart zu. »Aus den Wanderarbeitern der Sechzigerjahre wurden ausländische Dauerarbeitnehmer. De facto ist die Bundesrepublik Deutschland zu einem Einwanderungsland geworden.« Diese Feststellung stammt nicht etwa aus einem Integrationsbericht heutiger Tage, sondern aus einer 400 Seiten starken »Ausländerstudie« der Stadt Stuttgart aus dem Jahr 1976. Bereits damals zog die Landeshauptstadt aus dieser Erkenntnis die entsprechenden Konsequenzen in der kommunalen Ausländerpolitik und leitete auf zahlreichen Gebieten wie etwa bei den Kindertagesstätten Maßnahmen ein, die Ausländern und Deutschen zugute kommen sollten. In Leitlinien zur Ausländerpolitik, die der Gemeinderat einstimmig verabschiedete, stand als Eckpfeiler künftiger Maßnahmen:

> »Ausländische Einwohner sind im Interesse der Erhaltung der Wirtschafts- und Lebenskraft der Stadt Stuttgart und aus sozialpolitischen Gründen als dauerhafter Bestandteil der Stuttgarter Bevölkerung anzusehen.«

Weiter heißt es in dem Bericht von 1976: »Ohne ausländische Arbeitnehmer wäre das rasche Wirtschaftswachstum und die starke Erhöhung des Sozialprodukts nicht mehr möglich gewesen.« Schon damals halfen die ausländischen Einwohner, den Bevölkerungsrückgang in Stuttgart, der durch Abwanderung von Deutschen und durch den Geburtenrückgang verursacht war, auszugleichen.

Die Grundlagen für die heutige Integrationspolitik in Stuttgart wurden frühzeitig unter Manfred Rommel geschaffen, der von 1974 bis 1996 Oberbürgermeister der Stadt war. Rommel machte für seine

Zeit geradezu revolutionäre Aussagen in der Ausländerpolitik und wurde dafür in Wahlkämpfen mit ausländerfeindlichen Parolen aus dem rechtsradikalen Lager angegriffen. Trotzdem wurde er immer wieder mit überwältigender Mehrheit im Amt bestätigt. So geht der Begriff der »multikulturellen Gesellschaft«, der heute noch immer in Frage gestellt wird, auch auf den Stuttgarter Alt-Oberbürgermeister zurück. Für Rommel war dieses Schlagwort nichts anderes als eine Beschreibung der Situation in seiner Stadt. Rommel wörtlich:

> »Die multikulturelle Gesellschaft existiert bereits. Und jede Kulturgesellschaft ist eine multikulturelle Gesellschaft. Eine Gesellschaft, in der nur eine kulturelle Strömung da ist und nichts anderes, ist keine Kulturgesellschaft, ist eine sterile Gesellschaft. Die Vielfalt gehört zur Kultur, und um Vielfalt zu haben, braucht man auch Toleranz. Wenn hier Angehörige verschiedener Länder in einer Stadt sich begegnen, dann ist dies kein Nachteil, sondern ein Vorteil. Es wird immer so getan, als ob eine Politik, die die Interessen der ausländischen Mitbürger berücksichtigt, gegen die Deutschen gerichtet wäre. Im Gegenteil.«

Rommels migrationspolitische Aussagen sind noch immer aktuell. Erst in den letzten Jahren wurden manche seiner Ideen aufgegriffen, etwa mit der Deutschen Islamkonferenz. Rommel sagte vor über dreißig Jahren:

> »Wir werden immer eine türkische Gemeinde haben, wahrscheinlich eine wachsende. Es ist für Europa von entscheidender Bedeutung, dass die Türkei weiterhin zu Europa gehören will. Man muss deshalb das Ziel der langfristigen Integration der Türkei in Europa stets vor Augen behalten, und darf nicht wegen kleinlicher Probleme, die sich im Moment stellen, dieses Ziel etwa in Frage stellen. Es ist für Europa von großer Bedeutung, dass ein so wichtiges, so großes Kulturvolk, das gleichzeitig die Brücke zum Nahen Osten darstellen kann, dass dieses Kulturvolk sich mit uns freundschaftlich verbündet. Unter diesem Aspekt muss man die

Kontakte betrachten, der türkischen zu den deutschen Städten, unter diesem Aspekt muss man vor allem auch die Politik gegenüber unseren türkischen Mitbürgern betrachten in den Städten. Man soll sich keinen Illusionen hingeben. Der Glaube, dass deutsche Großstädte nur von Deutschen bewohnt werden, ist ein Irrglaube. Wer das meint, der entfernt sich von der Realität, er entfernt sich aber auch vom Europa-Gedanken.«

Weit vorausschauend sagte Manfred Rommel bereits 1988:

»Ich kann mir also durchaus vorstellen, dass es in einer Stadt wie Stuttgart im Jahr 2030 einen Anteil von Ausländern und ehemaligen Ausländern an der Bevölkerung von 30 Prozent und mehr geben kann. Und ich halte dies, wenn rechtzeitig die richtige Politik gemacht wird, nicht für ein Verhängnis. Ich glaube vielmehr, dass die Zukunft in Europa den multinationalen Großstädten gehört.«

Heute ist diese Vision Rommels Realität geworden. In der Landeshauptstadt beträgt der Anteil von Menschen mit Migrationshintergrund etwa 45 Prozent. Menschen aus rund 180 Nationen leben hier seit Langem friedlich zusammen. Über 120 verschiedene Sprachen werden in der Stadt gesprochen. Zahlreiche Einrichtungen wie beispielsweise das »Forum der Kulturen« machen die kulturelle Vielfalt Stuttgarts sicht- und erlebbar. Es unterstützt rund 300 Migrantenvereine, organisiert unter anderem jedes Jahr ein Sommerfestival der Kulturen und gibt eine Zeitschrift heraus.

Die Entwicklung hat dem früheren Oberbürgermeister Rommel Recht gegeben. Es sind allerdings noch viele Jahre ins Land gegangen, bis sich seine Gedanken durchzusetzen begannen und beispielsweise im Jahr 2006 der damalige Bundesinnenminister Wolfgang Schäuble (CDU) oder im Jahr 2010 Bundespräsident Christian Wulff im Sinne Rommels feststellten, dass der Islam ein Teil Deutschlands und Europas ist.

Manfred Rommel fand aber auch in einer sehr kritischen Situation die richtigen Worte, obwohl sie scheinbar unpopulär waren. Als

Der langjährige Stuttgarter Oberbürgermeister Manfred Rommel (hier 1988) hat als liberaler und weitsichtiger Denker in der baden-württembergischen Migrationspolitik auch Geschichte geschrieben.

1989 ein wirrer Asylbewerber aus Kamerun, dessen genauer Hintergrund sich nicht aufklären ließ, auf der Gaisburger Brücke in Stuttgart zwei Polizisten tötete, beugte Rommel aufkeimender Fremdenfeindlichkeit vor. Bei der Trauerfeier in der Domkirche St. Eberhard sagte der Oberbürgermeister: »Es hätte auch ein Weißer sein können.« Und er fügte hinzu: »Es hätte auch ein Schwabe sein können. Und wir sollten unserer Trauer dadurch Würde geben, dass wir nicht generalisieren.« Rommel setzte damit ein wichtiges Signal gegen Ausländerfeindlichkeit und gegen die Instrumentalisierung von Gewalttaten, die von Ausländern ausgehen. Denn immer wieder versuchen auch heute noch rechtsextreme und rechtspopulistische Kreise, Morde und andere Verbrechen von Flüchtlingen für ihre Zwecke zu instrumentalisieren und sie einer vermeintlich verfehlten Einwanderungspolitik anzulasten.

Eine Forderung Rommels ist bis heute unerfüllt geblieben: die doppelte Staatsangehörigkeit für Ausländer einzuführen, um damit die Integration zu erleichtern. Noch immer soll nach offizieller Absicht der Bundesregierung die Mehrstaatlichkeit vermieden werden, auch wenn für EU-Bürger und Kinder unter bestimmten Voraussetzungen jetzt mehrere Pässe möglich sind. Für Türkinnen und Türken der ersten »Gastarbeitergeneration« ist diese Möglichkeit aber nach wie vor verbaut. Manfred Rommel war seiner Zeit weit voraus, als er sich für den »Doppelpass« einsetzte. Aber bereits auf Kreisebene wurde sein Vorschlag in seiner Partei abgeblockt, und auf dem Parteitag kämpfte er auf verlorenem Posten:

> »Ich weiß nicht, ob man ein moralisches Recht hat, denen, die hier geboren sind, jegliches Heimatrecht zu bestreiten. In den USA und in England ergibt sich das von selber, indem dort die Staatsangehörigkeit sich nicht nach dem Blute richtet, sondern nach dem Orte der Geburt. Wir haben früher das gleiche Problem in Deutschland gehabt. Da gab's bayerische Staatsangehörigkeit, württembergische Staatsangehörigkeit, aber kein Mensch ist draufgekommen, dass einer, der die württembergische Staatsangehörigkeit hat, nicht auch die bayerische haben könnte.« (Zwischenruf:»Das sind Deutsche!«) »Europa wird, so hoffen wir, immer mehr zusammenwachsen, und ich halte es auch aus diesem Grunde für notwendig, hier eine Lösung zu finden.«

ERFOLGE UND PROBLEME DER INTEGRATION

Bedeutung der Ausländerzahlen

Die »Ausländerstatistik« ist zunächst ein Fall für sich. Immer wieder fördern hohe Zuwanderungszahlen Ängste, wie etwa 2015, als von über einer Million Flüchtlingen die Rede war, die Zahl dann aber auf rund 800 000 korrigiert werden musste. Im Zusammenhang mit dem Familiennachzug war damals sogar von zehn Millionen die Rede, die nach Deutschland unterwegs seien. Für Baden-Württemberg sind aktuelle Zahlen nicht auf Anhieb zu bekommen, teilweise sind sie sogar widersprüchlich.

Das Ministerium für Inneres, Digitalisierung und Migration schreibt Anfang 2019 auf seiner Homepage: »In Baden-Württemberg leben rund 1,4 Millionen Ausländer.« Nach den letzten Angaben des Statistischen Landesamtes waren es aber rund 1,7 Millionen, also über 300 000 mehr. Auf die Frage, wie viele Flüchtlinge aktuell in Baden-Württemberg leben, schreibt die Pressestelle des für Migration zuständigen Innenministeriums: »Die Polizei Baden-Württemberg geht davon aus, dass Flüchtlinge einen Anteil von rund zwei Prozent an der Gesamtbevölkerung Baden-Württembergs ausmachen.« Auf Nachfrage nach der genauen Zahl kommt die Antwort: »Personenscharfe Zahlen haben wir hierzu nicht. Hierzu müssten Sie bitte beim Bundesamt für Migration und Flüchtlinge nachfragen. Laut Bundesamt für Migration und Flüchtlinge leben insgesamt 196 678 Asylbewerberinnen und Asylbewerber sowie Flüchtlinge in Baden-Württemberg (Stand: 31. Dezember 2017).«

Aus der Statistik des Innenministeriums geht hervor, dass die Zahl der Asylbewerber in Baden-Württemberg 2015 mit rund 98 000 Asylanträgen ihren Höhepunkt erreicht hat. Danach sank sie

2016 auf etwa 33 000, 2017 auf 16 000 und 2018 auf rund 10 000. Die Zahlen sind also stark zurückgegangen und liegen damit im bundesweiten Trend. Angesichts von rund 3,4 Millionen Menschen mit Migrationshintergrund, die bereits seit Langem im Land leben, und angesichts der Erfahrungen mit der Einwanderung nach Baden-Württemberg könnte damit durchaus »Entwarnung« in der Asylpolitik gegeben werden.

Allerdings muss die Statistik im Migrationsbereich insgesamt hinterfragt werden. Dabei sind weniger die Zahlen das Problem als vielmehr die Art und Weise, wie sie dargestellt und für die eigene Argumentation benutzt oder interpretiert werden. Lange Zeit mangelte es sogar überhaupt an Daten. Während bereits 1980 eine heftige Diskussion über die Asylpolitik geführt wurde, musste eine Bund-Länder-Arbeitsgruppe einräumen, dass es über die Zahl, die Herkunft, den Familienstand sowie den Familiennachzug der Asylbewerber in der Bundesrepublik Deutschland »kaum gesichertes statistisches Material« gebe. Der 6. Familienbericht der Bundesregierung zur Situation ausländischer Familien in Deutschland bezeichnete noch im Jahr 2000 die Reichweite statistischer Kenntnisse als begrenzt und stellte fest: »Wie viele Familien ausländischer Herkunft in Deutschland leben, wissen wir nicht.« Die Unabhängige Kommission »Zuwanderung«, geleitet von der früheren Bundesfamilienministerin und Bundestagspräsidentin Rita Süssmuth (CDU), schrieb 2001 in ihrem Abschlussbericht: »Die Kommission ist im Verlauf ihrer Arbeit immer wieder an Grenzen der Durchschaubarkeit gestoßen.« Die Statistiken über das Wanderungsgeschehen seien unzulänglich und erlaubten keine »zweifelsfreie Beurteilung des gesamten Zuwanderungsgeschehens«.

Der Migrationsbericht der Bundesregierung für das Jahr 2011 sorgte für Erstaunen, weil plötzlich die Menschen mit dem Herkunftsland Türkei von einem Jahr auf das andere um rund 20 Prozent zugenommen hatten. Des Rätsels Lösung: Es handelte sich um 471 000 Kinder, die in Deutschland als »Deutsche«, also mit deutscher Staatsangehörigkeit, auf die Welt gekommen waren. Bisher waren sie in der Statistik »unsichtbar« gewesen und nur in der großen Gruppe von »Menschen mit Migrationshintergrund ohne Angabe zum Herkunftsland« mitgezählt worden. Das hatte sich nun

August 2017: Beim Internationalen Abend des Arbeitskreises Flucht und Asyl tanzen Geflüchtete, Flüchtlingshelfer und Besucher aus Sulz Hand in Hand zu afrikanischer Musik.

geändert. Kinder, deren Eltern beide denselben Migrationshintergrund hatten, wurden zum ersten Mal Herkunftsländern zugeordnet, und so kam die Steigerung zustande.

Vor allem die Asylstatistik ist nicht unproblematisch. Dort werden Fälle, also Anträge gezählt – und nicht Menschen. Die Zahlen umfassen also alle Anträge auf Asyl einschließlich Folgeanträgen von Asylbewerbern, deren Antrag bereits abgelehnt wurde oder die zum Beispiel ihren Antrag zurückgezogen haben. Immerhin 22,5 Prozent aller Anträge hatten sich so, wie es im Amtsdeutsch heißt, »anderweitig erledigt«, unter anderem durch Rücknahme des Asylantrags. Von der offiziellen Asylstatistik müssen zunächst einmal die Folgeanträge – mindestens 15 Prozent – abgezogen werden. Denn wenn man wissen will, wie viele neue Asylbewerber einen Antrag gestellt haben, sollte man nur die Erstanträge zählen. Man muss zudem bei dieser Statistik, die in der politischen und öffentlichen Diskussion eine wichtige Rolle spielt, fragen, worauf sie sich überhaupt bezieht: auf alle Asylanträge einschließlich der Folgeanträge oder auf die Zahl der Flüchtlinge, die schon einen Flüchtlingsstatus anerkannt bekommen haben, aber keine Asylbewerber mehr sind? Das Bundesinnenministerium bezieht sich auf die gesamte Zahl aller Asylanträge, die dann mit der Zahl der Asylbewerber gleichgesetzt wird.

Wichtig ist auch der Vergleichszeitraum. Anfang der 1990er Jahre, in der heftig geführten Debatte um die Änderung des Grundgesetzes, veröffentlichte beispielsweise das Bundesinnenministerium jeden Monat steigende Asylbewerberzahlen. Einmal wurden im Vergleich der Vormonat, dann das letzte Quartal oder auch Zeiträume aus dem letzten Jahr herangezogen. Auch wenn die Zahlen insgesamt hoch waren, stieg nach dieser Statistik die Zahl der Asylbewerber dauernd dramatisch an. Vergleicht man aber die Zahlen seit dem Zweiten Weltkrieg, so wird deutlich, dass es ein Auf und Ab gibt, in dem sich letztlich die Kriege, Bürgerkriege und Katastrophen auf der Welt spiegeln, was eigentlich ganz »natürlich« ist.

Die Migrationszahlen für Deutschland müssen insgesamt relativiert werden. Grundlage sind einerseits die Angaben der Meldebehörden. Auch Studenten oder Saisonarbeiter tauchen darin auf, was zu Verzerrungen führt. Grundlage für die Statistiker ist andererseits der Mikrozensus, eine Stichprobenerhebung, bei der jährlich rund ein Prozent der Bevölkerung in Deutschland befragt wird. Um daraus Aussagen über die gesamte Bevölkerung ziehen zu können, müssen die Daten entsprechend hochgerechnet werden. Immer wieder kommt es dabei zu Korrekturen. Der Zensus hat beispielsweise gezeigt, dass am 9. Mai 2011 in Deutschland 80,5 Millionen Menschen lebten, darunter 6,2 Millionen Ausländer. Das sind insgesamt 1,5 Millionen Menschen weniger – darunter 1,1 Millionen Ausländer weniger –, als damals angenommen wurde.

Wie viele Ausländer leben also in Baden-Württemberg? Selbst das Statistische Landesamt macht mit seinen offiziellen Zahlen zwei verschiedene Angaben über die ausländische Wohnbevölkerung: 1,6 und 1,7 Millionen. Das liegt daran, dass es zwei Arten von Bevölkerungszahlen gibt. Einmal stammen sie – vereinfacht ausgedrückt – aus dem Ausländerzentralregister und zum anderen aus der Bevölkerungsfortschreibung. Die Zahlen variieren schon seit Jahren, nicht erst seit der »Flüchtlingskrise«, die weitere Unsicherheiten in die Statistik gebracht hat. Flüchtlinge werden dem Ausländerzentralregister gemeldet, wenn sie erfasst wurden. Dann sind sie in der Statistik enthalten. Auf Grund der teilweise chaotischen Zustände und der Überforderung der Behörden wurden aber nicht alle Flüchtlinge zeitnah registriert.

Die Statistik belegt auf jeden Fall: Baden-Württemberg ist bereits in den 1970er Jahren zum Einwanderungsland geworden. Diese Entwicklung setzte sich immer weiter fort, auch wenn die Daten und Fakten von manchen Kreisen immer wieder in Frage gestellt wurden. Die Anwerbung ausländischer Arbeitskräfte im Nachkriegsdeutschland hat im Südwesten ihren Anfang genommen. Das Land war und ist ein Schwerpunkt der Beschäftigung von Ausländern in Deutschland. So stieg die Zahl der Nichtdeutschen in Baden-Württemberg ab 1955 innerhalb eines Jahrzehnts von 60 000 auf rund eine halbe Million. Schon vor Jahren war klar: Seit der Gründung des Landes Baden-Württemberg sind rund 15 Millionen Menschen – Deutsche und Nichtdeutsche – ins »Ländle« gezogen. Zwölf Millionen Menschen haben das Land im gleichen Zeitraum wieder verlassen. Es sind also mehr Menschen hin- und hergezogen als heute insgesamt in Baden-Württemberg wohnen (circa elf Millionen).

Jedes Jahr findet auch eine größere Abwanderung von Ausländern statt, in der öffentlichen Debatte ist aber meist nur von Zuwanderungszahlen die Rede. So war zum Beispiel das Wanderungssaldo – also Zuzüge minus Fortzüge – im Jahr 1984 sogar negativ, das heißt, unter dem Strich verzeichneten die Statistiker einen Wanderungsverlust von über 40 000 Menschen. Auch 1997 war es so: Rund 12 000 Ausländer weniger waren es im Wanderungssaldo, es gingen also mehr als kamen. Durch die Zuwanderung aus den von einer Wirtschaftskrise geschüttelten EU-Ländern wie Griechenland und Spanien, aber auch aus Italien stiegen die Zahlen wieder an. Durch den Zuzug von Flüchtlingen verzeichnete Baden-Württemberg im Jahr 2015 den höchsten Wanderungsgewinn von ausländischen Staatsangehörigen seit Bestehen des Landes. Rund 317 000 Ausländer sind in den Südweststaat zugezogen. Etwa 151 000 zogen fort, was zum Rekordwanderungssaldo, einem satten Plus von 166 000 führte. Die Zahl der ausländischen Einwohner (das heißt derjenigen ohne deutschen Pass) erreichte eine Rekordmarke von über 1,5 Millionen. So ist die Einwohnerzahl, die lange Zeit rückläufig war, durch die Zuwanderung seit 2012 wieder angestiegen.

Nach Angaben des Statistischen Landesamts stieg die Zahl der ausländischen Einwohner zum Jahresende 2017 weiter auf rund 1,7 Millionen. Das entspricht einem Anteil an der Gesamtbevölkerung von 15,1 Prozent und liegt deutlich über dem Bundesdurchschnitt von 12,8 Prozent. Im Bundesländervergleich hat Baden-Württemberg hinter Berlin (24,7 Prozent), Bremen (18,5 Prozent), Hessen (16,8 Prozent) und Hamburg (16,5 Prozent) den fünfthöchsten Ausländeranteil in Deutschland. Rund die Hälfte der in Baden-Württemberg lebenden Ausländerinnen und Ausländer hatten dabei die Staatsangehörigkeit eines EU-Landes. Die Türkei blieb mit einem Anteil von 15 Prozent die mit Abstand am stärksten vertretene Nation, obwohl ihre Zahlen seit fast zwanzig Jahren zurückgehen. Als weitere Nationen folgen Italien, Rumänien, Kroatien und Polen.

Wenn man sich die Statistik etwas genauer ansieht, dann führen zwar die Türken mit einer Zahl von rund 257 000, gefolgt von den Italienern, die 2017 mit rund 182 000 Staatsangehörigen vertreten waren. Danach kamen die Polen mit rund 84 000 und die Griechen mit 81 000. Die ausländische Wohnbevölkerung muss jedoch sehr differenziert gesehen werden, denn eigentlich wird die Statistik von Menschen aus dem Gebiet des ehemaligen Jugoslawien angeführt, dessen Zahlen sich auf die Nachfolgestaaten verteilen. Die Gesamtzahl dieser Bevölkerungsgruppe macht rund 280 000 aus. Ähnlich haben die rund 78 000 Menschen aus dem Gebiet der ehemaligen Sowjetunion verschiedene Staatsangehörigkeiten wie die Armeniens, Kasachstans oder Estlands. Die Zahl der Spanier war durch die Rückkehrer stark gesunken, sie haben aber jetzt mit 25 000 wieder eine beachtliche Zahl erreicht, wobei offensichtlich die Wirtschaftskrise in Spanien zur Auswanderung nach Baden-Württemberg geführt hat.

Von den in Baden-Württemberg lebenden Ausländern hatten 2016 gut drei Viertel (76,4 Prozent) ein langfristiges Aufenthaltsrecht. Im Jahr 2011 lag der Anteil mit knapp 84 Prozent wesentlich höher, was offensichtlich auf die starke Zuwanderung von Asylsuchenden zurückzuführen ist.

In der Europäischen Union hat Luxemburg mit 47,6 Prozent mit Abstand den höchsten Anteil von Ausländerinnen und Ausländern, weil dort viele ausländische Arbeitnehmer in den zahlreichen EU-Behörden tätig sind. Darüber hinaus besitzt nur Zypern mit 16,5 Prozent einen höheren Ausländeranteil als Baden-Württemberg, was die besondere Rolle des Bundeslandes als Einwanderungsland unterstreicht.

Deutsche mit ausländischen Wurzeln

Wenn man nach dem Migrationshintergrund fragt, dann wird die Spitzenrolle Baden-Württembergs als »Einwanderungsbundesland« noch deutlicher. Im Südweststaat besitzen rund 3,4 Millionen Einwohner einen Migrationshintergrund »im engeren Sinne«, wie die Statistiker sagen. Dazu gehören als Ausländer Geborene und deren Kinder, auch wenn sie eingebürgert wurden. Von diesen Menschen mit Migrationshintergrund waren 1,66 Millionen Ausländer, etwas mehr hatten die deutsche Staatsangehörigkeit. Rund 31 Prozent, also fast ein Drittel der Baden-Württemberger sind damit »Migranten«. Unter den Flächenländern liegt der Südweststaat in dieser Hinsicht fast gleichauf mit Hessen (31,1 Prozent) und nur knapp hinter dem Spitzenreiter Bremen (32 Prozent). In den Ballungsräumen wie Stuttgart liegt der Anteil sogar bei 40 Prozent, bei den jüngeren Generationen ist er noch höher. Dabei ist die Bevölkerung mit Migrationshintergrund deutlich jünger als die ohne.

Fast drei Viertel der Menschen mit Migrationshintergrund in Baden-Württemberg, rund 2,4 Millionen, stammen aus Europa. Den größten Anteil an dieser Bevölkerungsgruppe haben Menschen mit Wurzeln in der Türkei: Es sind 489 000 oder rund 16 Prozent. Italien und Rumänien folgen als Herkunftsländer mit deutlichem Abstand. Sehr deutlich spiegelt sich in der Migrationsbevölkerung die »Gastarbeiterzeit« wider. Heute haben fast 44 Prozent der Menschen mit Migrationshintergrund in Baden-Württemberg ihre Wurzeln in »Gastarbeiter«-Anwerbestaaten.

Nach der Öffnung des Eisernen Vorhangs machten sich ab Ende der 1980er Jahre viele Aussiedler und Aussiedlerinnen auf den Weg nach Deutschland, aus der ehemaligen Sowjetunion, Polen und Rumänien. Knapp 16 Prozent der Migrationsbevölkerung in Baden-Württemberg stammten 2015 aus dem Gebiet der ehemaligen Sowjetunion. Rund 14 Prozent stammten aus dem Gebiet des ehemaligen Jugoslawien, sie selbst oder Vorfahren waren als »Gastarbeiter« angeworben worden oder im Bürgerkrieg Anfang der 1990er Jahre in den Südwesten geflohen, wo sie oft Verwandte hatten.

Über ein Drittel (34 Prozent) der in Baden-Württemberg lebenden Bevölkerung mit Migrationshintergrund war 2015 unter 25 Jahre alt: über eine Million Kinder, Jugendliche und junge Erwachsene. Mit rund 19 Prozent haben die meisten von ihnen eine türkische, rund 7 Prozent haben als zweitgrößte Gruppe eine italienische Herkunft. Es folgen die Herkunft aus der Russischen Föderation (5,1 Prozent), aus Polen und aus Kasachstan (jeweils 4,6 Prozent). Insgesamt lag das durchschnittliche Alter der Migrationsbevölkerung mit rund 36 Jahren etwa zehn Jahre unter dem der Bevölkerung ohne diesen Hintergrund (rund 46 Jahre).

Fast 80 Prozent der jungen Leute unter 25 Jahren mit Migrationshintergrund sind in Deutschland geboren und haben somit keine eigene Migrationserfahrung. Auch wenn die Flüchtlinge die Statistik in den letzten Jahren etwas verschoben haben, ist ihre Zahl von rund 190 000 angesichts von 3,4 Millionen Menschen mit Migrationserfahrung nicht allzu groß – wobei auch nicht klar ist, wie viele der Geflüchteten überhaupt auf Dauer im Land bleiben dürfen.

Zuwanderer stärken die Wirtschaft

Baden-Württemberg wurde nach dem Zweiten Weltkrieg von Zuwanderung geprägt und hat davon profitiert. Durch Zuwanderung von deutschstämmigen Flüchtlingen und Vertriebenen stieg die Einwohnerzahl trotz Kriegsverlusten und Geburtenausfall. Durch die Flüchtlinge – viele waren Arbeiter aus dem wirtschaftlich hochentwickelten Sudetenland und aus Schlesien – entstanden viele kleinere und mittlere Betriebe mit qualifizierten Angestellten. Sodann haben die italienischen »Gastarbeiter« in der »Wirtschaftswunderzeit« die Sozialsysteme mit aufgebaut und zum Wohlstand Deutschlands beigetragen,

»Multi-Kulti-Lokale« sind aus Deutschland nicht mehr wegzudenken. Seit 1985 bewirtschaftet beispielsweise Constantin Karras mit seiner Frau Anastasia in der Nähe des Stuttgarter Fernsehturms das »Restaurant Luftbad – Der Grieche im Grünen« mit schwäbischen und griechischen Spezialitäten.

gefolgt von Arbeitskräften aus anderen Staaten. Ihnen allen verdanken wir auch den Aufbau des Südweststaats und seinen Wohlstand.

Bundesweit haben selbstständige Unternehmer ausländischer Herkunft rund eine Million Arbeitsplätze geschaffen. Auf schlechtere Beschäftigungssituationen haben Ausländer stärker als Deutsche mit Selbstständigkeit reagiert. Viele Deutsche stiegen auf Grund der Beschäftigung von ausländischen Arbeitskräften in bessere berufliche Positionen auf. Zwischen 1960 und 1970 schafften rund 2,3 Millionen Deutsche den Aufstieg von Arbeiter- in Angestelltenpositionen, vor allem wegen der Ausländerbeschäftigung. Nach Angaben des Bundesarbeitsministeriums aus dem Jahr 1976 ermöglichten die ausländischen Arbeitnehmer eine starke Verringerung der Arbeitszeit unter Beibehaltung eines starken Wirtschaftswachstums. Die ausländischen Arbeitnehmer zahlten Steuern, ohne in entsprechendem Umfang öffentliche Leistungen in Anspruch zu nehmen. Bereits 1971 hätten sonst die Beiträge zur staatlichen Rentenversicherung erhöht werden müssen. Das »Rentenloch«, das schon damals beklagt wurde, wäre ohne diese Beiträge nicht zu stopfen gewesen. Den von den ausländischen Arbeitnehmern in die Rentenversicherung gezahlten Beträgen stand nur rund ein Zehntel an Leistungen gegenüber. Die Rentenversicherung wurde lange Zeit weitgehend von den ausländischen Arbeitnehmern geradezu subventioniert.

Das Ausmaß, in dem Deutschland von Einwanderung profitiert, wird deutlich, wenn man sich vorstellt, was Deutschland ohne Ausländer wäre. Allein im Zeitraum von 1955 bis 1973 kamen 14 Millionen Arbeitsmigranten nach Deutschland, elf Millionen kehrten wieder zurück. Ohne ausländische Beschäftigte wären auch heute noch ganze Wirtschaftsbereiche nicht mehr funktionsfähig. So sind wie beim Beginn der Ausländerbeschäftigung fast 50 Prozent aller in Krankenhäusern Beschäftigten – also Ärzte, Pflegekräfte und Hilfspersonal – Ausländer. In der Gastronomie in Baden-Württemberg liegt der Anteil der sozialversicherungspflichtig beschäftigten Ausländer bei über 45 Prozent, so der Hotel- und Gaststättenverband. Ohne sie bliebe mancherorts die Küche in den Gastwirtschaften kalt. Auch Branchen wie die Automobilindustrie würden zusammenbrechen, das Bruttoinlandsprodukt um bis zu acht Prozent sinken. Man müsste plötzlich auf rund 50 Milliarden Euro Steuereinnahmen im Jahr verzichten. Arbeitsmigranten waren und sind unentbehrlich für Deutschland.

Längst hat sich auch eine Migrantenökonomie entwickelt, und das ist mehr als die »Döner-Bude« oder die Pizzeria um die Ecke. In Baden-Württemberg wurde sogar eine Landesarbeitsgemeinschaft Migrantenökonomie gegründet. Das Institut für Mittelstandsforschung (ifm) in Mannheim hat dazu eine Studie vorgelegt. Sie räumt mit einigen Vorurteilen auf: Menschen mit Migrationshintergrund gründen überdurchschnittlich häufig Unternehmen, nicht nur im Gastgewerbe oder im Handel, sondern zunehmend in modernen Branchen. Bundesweit ist die Zahl selbstständiger Ausländer in den letzten beiden Jahrzehnten prozentual in etwa dreimal so stark wie bei den Deutschen. Über die sozialen Charakteristika selbstständiger Migranten und die wirtschaftliche Bedeutung ihrer Unternehmen sei noch relativ wenig bekannt, heißt es in der Studie. In der öffentlichen Wahrnehmung würden sie nicht selten mit Döner- und Gemüseläden in Verbindung gebracht. Die Befunde des Instituts weisen jedoch darauf hin, dass der Anteil der im Gastgewerbe und im Handel tätigen Migrantenunternehmen seit Jahren sinkt, während die Bedeutung wissensintensiver Dienstleistungen wächst. Die »ethnische Ökonomie« stellt demnach etwa zwei Millionen Arbeitsplätze und eine wachsende Zahl an Ausbildungsplätzen. Die Studie zeigt, dass die Migrantenökonomie ein besonders dynamischer Teil der Wirtschaft im Südwesten ist.

Inzwischen besitzt jede sechste unternehmerisch engagierte Person in Deutschland einen Migrationshintergrund. Dies entspricht einer Viertelmillion, wie die Mannheimer Forscher feststellten. In Baden-Württemberg sind es fast 100 000 Unternehmerinnen und Unternehmer. »Davon profitieren Wirtschaft und Gesellschaft. Die Migrantenunternehmen schaffen Arbeitsplätze, neue Produkte und sind ein Integrationsmotor«, schreibt das Ministerium für Soziales und Integration Baden-Württemberg.

Kinder und Jugendliche brauchen Bildung

Probleme mit »Ausländerkindern« an den Schulen des Landes sind schon seit den 1970er Jahren bekannt. Der Deutsche Caritasverband in Freiburg veröffentlichte bereits 1975 eine Mahn- und Denkschrift zu ausländischen Jugendlichen in der Bundesrepublik unter der Überschrift »Die verlorene Generation?« Die Analyse war verbunden mit zahlreichen Vorschlägen zur Verbesserung der Lage der damals schon bundesweit 950 000 Jugendlichen – für Kindergärten wie für weiterführende Schulen oder auch für »Kinder im Ausland«. Für den Caritasverband war schon damals klar: »Die Bundesrepublik ist trotz aller offiziellen Dementis de facto ein Einwanderungsland.« Das Dokument spricht denn auch von »jugendlichen Einwanderern«. Allerdings verhallte der Weckruf wieder einmal ungehört.

Ähnlich erging es der Analyse des Statistischen Landesamtes Baden-Württemberg vom 14. Juli 1977. Titel: »Mehr Chancen für die zweite Generation? Schulbesuch und Schulerfolg ausländischer Kinder«. Die Autoren machten deutlich, dass mit Beginn des neuen

Die christlichen Kirchen suchten 1970 mit diesem Plakat Ehrenamtliche für die Hausaufgabenbetreuung ausländischer Kinder.

Schuljahrs etwa jeder zehnte Schulanfänger ein Kind ausländischer Eltern sein werde. Es wurde festgehalten:

> »Nach bisherigen Erfahrungen tritt die Mehrzahl dieser Kinder ihre Schullaufbahn ohne Aussicht auf erfolgreichen Abschluss an und bleibt deshalb in der Regel von einer qualifizierten Berufsausbildung ausgeschlossen.«

Einige der weiteren deprimierenden Ergebnisse der Untersuchung: Jedes zehnte Ausländerkind blieb ohne Schulbesuch. Zwei von drei Ausländerkindern verließen die Hauptschule ohne formalen Schulabschluss. Jeder zweite ausländische Berufsschüler war ohne Lehrstelle. Die Autoren wiesen ausdrücklich darauf hin, dass das

Schulversagen der Ausländerkinder ein »Teil des sozialen Bildungs-gefälles« sei. Das Bildungsverhalten der Arbeiterkinder gleiche eher dem der Ausländer, so die Studie. Diese Erkenntnis sollte im Lauf der Jahre in zahlreichen Studien und wissenschaftlichen Untersuchungen immer wieder auftauchen. Die soziale Herkunft bestimmt bis zum heutigen Tage den schulischen und beruflichen Erfolg oder Misserfolg der Kinder in Deutschland.

Angesichts dieser Zahlen hätten in Baden-Württemberg bei den Verantwortlichen die Alarmglocken läuten sollen. In den folgenden Jahren ging es jedoch nur sehr schleppend voran, was die Förder-maßnahmen für die Einwandererkinder anging, wobei verstärkte Anstrengungen vom Kindergarten bis zum Gymnasium allen Schü-lerinnen und Schüler zugute gekommen wären. Stattdessen verharrte die Politik bundesweit in der Illusion des Nichteinwanderungslandes und gaukelte sich vor, die Ausländer würden in der Mehrzahl ohne-hin eines Tages in die alte Heimat zurückkehren.

So blieben die Schulen und die Lehrkräfte diejenigen, die das Versagen der Politik hautnah zu spüren bekamen und die, so gut es ging, die Versäumnisse auszugleichen versuchten. Noch 1973 war beispielsweise in einem Zeugnis aus der »Gastarbeiterzeit« zu lesen: »Wegen nicht genügender Deutschkenntnisse konnte keine Beno-tung erteilt werden.« Der Kirchheimer Grundschulrektor Karlheinz Rehm verfasste deshalb ein Schülerarbeitsheft für »Gastarbeiterkin-der«. Andere Lehrbücher waren damals nicht vorhanden.

An weiteren mahnenden Stimmen hat es nicht gefehlt. Auf Bun-desebene schrieb 1979 der erste Ausländerbeauftragte der Bundes-regierung und frühere Ministerpräsident von Nordrhein-Westfalen, Heinz Kühn (SPD), ein Memorandum und sagte,

> »dass das, was wir heute nicht für Lehrer ausgeben, um diese jungen Menschen in unsere Gesellschaft zu integrieren, wir morgen für Polizisten ausgeben müssen. Mit diesem Bild will ich die Gefahr verdeutlichen: was wir nicht in Schulen hinein-stecken, müssen wir später in Strafvollzugsanstalten stecken.«

Sehr deutlich wurde auch bereits 1978 der Rottenburger Bischof Georg Moser in einer umfassenden öffentlichen Erklärung. Der

In den 1970er Jahren verändern sich die Schulklassen im Land, nicht zuletzt durch den Familiennachzug. *Das Foto zeigt eine Karlsruher Schulklasse mit Kindern von jugoslawischen Arbeitsmigranten im Jahr 1973.*

katholische Würdenträger warnte vor der Gefahr eines »verheerenden Analphabetismus bei Ausländerkindern« und wies darauf hin, dass beispielsweise in Baden-Württemberg 75 Prozent der Ausländerkinder keinen Hauptschulabschluss erreichen würden und 20 Prozent der jugendlichen Ausländer arbeitslos seien. Als »Generation ohne Hoffnung« und ohne wirtschaftliche Existenzmöglichkeiten sei die jetzige junge Generation der Ausländer in der Bundesrepublik in Gefahr, zum »Strandgut« der Gesellschaft zu werden. Die Enttäuschung dieser jungen Menschen könne den inneren Friedens in der Bundesrepublik belasten. In einem Acht-Punkte-Katalog appellierte der Bischof an das Land Baden-Württemberg, »die bestehenden Schulverhältnisse im Blick auf die schwierige Situation der ausländischen Schüler so zu verbessern, dass sie die gleichen Schulabschlüsse erreichen können wie die deutschen Kinder«. Auch die Kirchengemeinden müssten seiner Meinung nach zur stärkeren Integration beitragen. Die politischen Gremien auf

Bundesebene forderte Bischof Moser auf, »der De-facto-Einwanderung mehr als bisher Rechnung zu tragen«.

Im gleichen Jahr appellierte der Stuttgarter Oberbürgermeister Manfred Rommel an die Politik, sich um die schulischen Probleme der ausländischen Kinder zu kümmern. In einem grundsätzlichen Diskussionsbeitrag mahnte er: »Wir wollen die Phrase ›Deutschland ist kein Einwanderungsland‹ nicht zum Stolperstein für eine vernünftige Entwicklung machen.« Aber alle diese Appelle blieben jahrzehntelang ungehört. Sprach- und Integrationskurse wurden erst 2015 zwingend vorgeschrieben. Hätte man gerade auf die Stimmen aus Baden-Württemberg gehört und umfassend in Schulen, Lehrkräfte und Sozialarbeiter investiert, dann hätte man später nicht dauernd über »Ausländerprobleme« oder »Parallelgesellschaften« klagen müssen, auch wenn es davon in Deutschland im Vergleich zu anderen Einwanderungsländern wie Frankreich nur sehr wenige gibt. Viele Integrationsprobleme, die zweifellos vorhanden sind, hätte man kleinhalten können. Dafür hätten Bund und Länder wie Baden-Württemberg viel mehr Geld, sicher einige Milliarden D-Mark im Lauf der Jahrzehnte, in die Hand nehmen müssen. Davor schreckten die politisch Verantwortlichen aber zurück, auch wenn schließlich Integrationsmaßnahmen im schulischen Bereich erfolgten.

Die Zuwanderung einer großen Anzahl von Flüchtlingen in den letzten Jahren hat das Bildungswesen, die Schulen und Lehrer wieder vor eine besondere Herausforderung gestellt. Oft kamen Kinder und Jugendliche, die kein Wort Deutsch sprachen. Allein 2015 waren in Baden-Württemberg unter den Flüchtlingen 10 300 Kinder unter sechs Jahren und 17 900 Kinder und Jugendliche im schulpflichtigen Alter von sechs bis unter 18 Jahren. Weitere 26 700 waren junge Erwachsene im Alter von 18 bis unter 25 Jahren. Auch heutzutage sind es wieder die engagierten Schulen, die Lehrerinnen und Lehrer, die den Flüchtlingskindern helfen, die aber beispielsweise ohne Erfolg nach Büchern für den gezielten Unterricht mit diesen Kindern fragten. Nach wie vor bleibt die Integration der jungen Flüchtlinge eine Aufgabe für Baden-Württemberg, auch wenn die Zahlen stark zurückgegangen sind, denn eine Investition in die Bildung und Ausbildung lohnt sich. Dazu hat das Land inzwischen eine ganze Reihe von Maßnahmen ergriffen.

Welche Erfolge und Probleme gibt es bei der Integration der Kinder und Jugendlichen mit Migrationshintergrund, von denen viele im Land geboren und aufgewachsen sind? An den allgemeinbildenden Schulen hatten sie 2015/16 einen Anteil von rund 22 Prozent, dabei hatten knapp zwölf Prozent die deutsche Staatsangehörigkeit und fast zehn Prozent einen ausländischen Pass.

Trotz vieler Fortschritte bleiben Benachteiligungen in Schule und Berufsausbildung bestehen. Experten stellen bei Kindern mit Zuwanderungsgeschichte häufiger einen intensiven Sprachförderbedarf fest. 23 Prozent der Kinder mit deutscher Staatsangehörigkeit wiesen einen intensiven Sprachförderbedarf auf, bei den ausländischen Kindern lag der Anteil dagegen bei fast 82 Prozent. So kann von Chancengleichheit noch nicht die Rede sein. In Schulleistungsstudien erzielen ausländische Kinder und Jugendliche schlechtere Ergebnisse.

Ausländische Schüler sind in Baden-Württemberg an Grund- und Hauptschulen deutlich, an Sonderschulen überproportional vertreten. An den Werkreal- oder Hauptschulen betrug der Anteil von Kindern mit Migrationshintergrund 41 Prozent, an den Gymnasien dagegen nur elf Prozent. Die Übergangsquote auf das Gymnasium war mit 34 Prozent geringer als bei den Schülerinnen und Schülern ohne Migrationshintergrund (46 Prozent). Fast keine Unterschiede gibt es jedoch beim Übergang auf Realschulen und Gemeinschaftsschulen.

Wenn man den Schulübergang ausländischer Schülerinnen und Schüler betrachtet, kann man große Unterschiede zwischen den Nationalitäten feststellen. Zwischen den zahlenmäßig größten Migrantengruppen variiert die Quote an den Gymnasien teilweise bis um das Fünffache, wie eine umfassende Untersuchung des Statistischen Landesamtes und des Landesinstituts für Schulentwicklung aus dem Jahr 2017 feststellt. Eine Werkreal- oder Hauptschule besuchten jeweils 40 Prozent und mehr der Schülerinnen und Schüler mit italienischer, kosovarischer, polnischer, serbischer, portugiesischer und ungarischer Staatsangehörigkeit sowie über die Hälfte der rumänischen und fast zwei Drittel der syrischen Kinder und Jugendlichen. Bei den türkischen, griechischen und kroatischen Schülerinnen und Schülern war es nur rund ein Drittel, bei den russischen gut ein Viertel. Nur zwischen sieben und 16 Prozent der erstgenannten Nationalitätengruppen besuchten ein Gymnasium; eine Ausnahme bildeten die ungarischen Schülerinnen und Schüler, bei denen die gymnasiale Besuchsquote mit 20 Prozent relativ hoch war, wie der Bericht hervorhebt. Von den türkischen und griechischen Jugendlichen besuchte auch nur etwa jeder fünfte einen gymnasialen Bildungsgang, von den kroatischen jeder vierte und 38 Prozent von den russischen. Auch hier ergibt sich ein vielschichtiges Bild: Zwar besuchen jetzt mehr ausländische Kinder das Gymnasium als 2011, bei den serbischen, griechischen und kroatischen Schülerinnen und Schüler ist dagegen ein leichter Rückgang zu verzeichnen.

Seit Jahren ist der Anteil ausländischer Schülerinnen und Schüler an den Sonderschulen überproportional hoch, wie das Kultusministerium 2019 wieder auf eine Landtagsanfrage bestätigt. 37,5 Prozent der Sonderschülerinnen und -schüler haben ausländische Wurzeln. Interessanterweise sind es gerade die italienischen Kinder, die in Baden-Württemberg seit Jahren schlechte Schulabschlüsse haben, und nicht etwa diejenigen mit türkischen Wurzeln. Das gängige Bild vom gut integrierten Italiener, der praktisch zum Schwaben oder Badener geworden ist, trügt insofern in gewisser Hinsicht.

Fortschritte gab es beispielsweise bei den Hochschulzugangsberechtigungen, allerdings weniger stark als bei den Schülerinnen und Schülern ohne Migrationshintergrund. Der Anteil der ausländischen Jugendlichen, die das Abitur bestehen, lag im Abgangsjahr 2016 bei 9,1 Prozent. Deutsche Schulabgänger schlossen dagegen wesentlich besser ab: 31,4 Prozent schafften die (Fach-)Hochschulreife. Bei den Menschen mit Migrationshintergrund ist jedoch der Anteil derjenigen, die einen Hochschulabschluss haben, seit 2011 ständig gestiegen. 2016 hatten rund 26 Prozent der Bevölkerungsgruppe die Hochschulreife. Bei der Bevölkerung ohne Migrationshintergrund war dieser Anteil mit rund 31 Prozent ähnlich hoch.

Ohne einen allgemeinbildenden Schulabschluss waren dagegen 8,3 Prozent der Bevölkerung mit Migrationshintergrund, aber nur 0,9 Prozent der Bevölkerung ohne einen solchen. 2016 verließen 12,4 Prozent der ausländischen und nur 4,3 Prozent der deutschen Schülerinnen und Schüler in Baden-Württemberg die Schule ohne Abschluss. Menschen mit Migrationshintergrund hatten 2016 auch häufiger keinen beruflichen Bildungsabschluss (35,7 Prozent) als Menschen ohne Migrationshintergrund (8,2 Prozent).

Arbeitschancen und Armutsrisiko

Auf dem Arbeitsmarkt sieht es folgendermaßen aus: Die Erwerbstätigenquote unter der Bevölkerung mit Migrationshintergrund lag 2016 bei rund 70 Prozent. Das sind zehn Prozentpunkte weniger als bei den Menschen ohne Migrationshintergrund. Die Erwerbslosenquote der Bevölkerung mit Migrationshintergrund war 2016 mit 5,3 Prozent mehr als doppelt so hoch wie bei der Bevölkerung ohne Migrationshintergrund (2,3 Prozent). Bei den jungen Leuten – den 20- bis unter 35-Jährigen – mit Migrationshintergrund liegt der Anteil der Erwerbslosen mit 4,9 Prozent um rund zwei Prozentpunkte höher als bei den Gleichaltrigen ohne solchen Hintergrund (2,7 Prozent). Die Arbeitslosenquote von Ausländerinnen und Ausländern lag mit 9,1 Prozent annähernd dreimal so hoch wie bei Deutschen (3,0 Prozent).

Insgesamt ist die Arbeitslosigkeit bei Ausländern ein Problem, das sich sozusagen vererbt. Die Arbeitsmarktintegration hat sich aber seit 2011 verbessert. So ist die Erwerbslosenquote seit 2011 kontinuierlich leicht gesunken. Auch die Arbeitslosenquote bei Ausländern ist 2017 gesunken.

Dagegen ist die Armutsgefährdung von Migrantinnen und Migranten seit 2011 um 1,5 Prozent gestiegen. Rund ein Viertel der Bevölkerung mit Migrationshintergrund (25,3 Prozent) in Baden-Württemberg war 2016 armutsgefährdet, wobei hier Personen mit einem Einkommen von weniger als 60 Prozent des Durchschnittseinkommens der Gesamtbevölkerung in Baden-Württemberg gemeint sind. Dabei waren Ausländerinnen und Ausländer mit 31,4 Prozent besonders häufig armutsgefährdet, bei den Menschen ohne Migrationshintergrund waren es dagegen nur 11,2 Prozent. Das deutlich höhere Armutsrisiko der Einwandererbevölkerung trifft besonders die Kinder und ihre Chancen in der Schule, im Beruf und auf dem weiteren Lebensweg. Kinder und Jugendliche mit Migrationshintergrund sind in Baden-Württemberg mit einem Anteil von fast 29 Prozent dreimal häufiger armutsgefährdet als die ohne Migrationshintergrund (knapp 11 Prozent).

Durch Sprachförderung sollen Defizite abgebaut werden. Das Angebot an Vorbereitungsklassen vor allem zum Erwerb von Deutschkenntnissen als Reaktion auf die Zuwanderung von Schutzsuchenden

In der ifa Akademie des Instituts für Auslandsbeziehungen in Stuttgart nehmen junge Leute aus aller Herren Ländern an Deutschkursen teil. Dort legen sie auch die Sprachprüfungen ab, die für ihr Leben in Deutschland oder im Herkunftsland von großer Bedeutung sind.

in den Jahren 2015/16 wurde verstärkt. Trotz allem bleibt die Integration der Kinder und Jugendlichen mit Zuwanderungsgeschichte insgesamt auf lange Zeit eine der größten Herausforderungen für die Politik in Baden-Württemberg. Der Zugang zu Ausbildungs- und Arbeitsplätzen ist für Bewerberinnen und Bewerber mit Migrationshintergrund deutlich schwieriger. Eine Untersuchung der Universität Konstanz fand heraus: Bei gleichen Voraussetzungen haben Bewerbungen, bei denen durch den Namen die »ausländische Herkunft« ersichtlich ist, deutlich schlechtere Chancen als diejenigen mit »deutschem Namen«. Rund ein Viertel der 25- bis unter 35-Jährigen mit Migrationshintergrund ist ohne einen beruflichen Abschluss.

Allerdings relativieren sich diese Ergebnisse, wenn der sozioökonomische Status der Herkunftsfamilie und der Bildungsstand der Eltern in die Untersuchungen einbezogen werden. Mit anderen

Worten: Es handelt sich um ein soziales Problem, weshalb man die Zuwanderungsbevölkerung mit einer entsprechenden Gruppe aus der einheimischen Bevölkerung vergleichen muss. Erst dann kommt man zu realistischen Ergebnissen. Insgesamt zeigen sich Defizite bei der Chancengleichheit für Arbeiterkinder und ein Nachholbedarf für eine nachhaltige Integrationspolitik.

Mangel an Fachkräften

Älter, weniger und bunter – so sieht die Zukunftsperspektive für Baden-Württemberg aus. Schon wegen der Bevölkerungsentwicklung brauchen wir Zuwanderung. Diese Erkenntnis ist nicht neu:

Der Stolz ist groß: Mohammad Khalılı (Zweiter von links, hinten), nach einer dramatischen Flucht aus Afghanistan in Deutschland angekommen, beginnt im Sommer 2017 in Vöhringen eine Ausbildung als Elektrotechniker. Das Foto zeigt ihn im Kreis seiner Familie sowie mit seinem Klassenlehrer, seinem zukünftigen Chef und einem Asylhelfer.

Auf den Zusammenhang von demografischer Entwicklung und Einwanderung hat bereits vor dreißig Jahren Wolfgang Schäuble, damals noch Kanzleramtschef, in einem Aufsatz unter der Überschrift »Älter und weniger« hingewiesen. Schäuble sagte »einen empfindlichen Mangel an Nachwuchs- und später an Arbeitskräften in allen Bereichen von Wirtschaft und Gesellschaft« voraus. Er forderte Gegenmaßnahmen in der Familienpolitik, stellte aber fest: »Langfristig werden wir nicht umhinkönnen, die Schrumpfung der deutschen Bevölkerung zumindest teilweise durch einen verstärkten Zuzug von Ausländern auszugleichen.« Diese vorausschauenden Erkenntnisse blieben allerdings ohne politische Konsequenzen.

Bei einer Konjunkturumfrage im Blick auf das Jahr 2019 gaben zwei Drittel der Unternehmen in Baden-Württemberg den Mangel

Die chinesischen Pflegekräfte Linyan Liu (links) und Qiping Guo (rechts) tischen im Februar 2015 in der Seniorenwohnanlage Ludwigstift in Stuttgart Bewohnerinnen das Essen auf. Mit einem Pilotprojekt hat der Arbeitgeberverband Pflege zunächst 27 Krankenschwestern aus China nach Baden-Württemberg geholt, die im Südwesten eine Fortbildung zur Altenpflegerin erhalten.

an Fachkräften als das größte Hemmnis für die weitere wirtschaftliche Entwicklung an. In Baden-Württemberg fehlen jetzt schon rund 308 000 Fachkräfte, allein in der Region Stuttgart knapp 100 000. Es fehlen 40 000 Akademiker, 169 000 ausgebildete Fachkräfte (»Gesellen«) sowie 100 000 betrieblich weitergebildete Fachleute (Meister, Techniker, Fachkaufleute). Bis zum Jahr 2030 wird das Defizit auf 538 000 Personen ansteigen, wenn die »demografische Keule unerbittlich zuschlagen« wird, so die Industrie- und Handelskammern in Baden-Württemberg. In zwanzig Jahren könnten nach Berechnungen des Instituts der deutschen Wirtschaft bundesweit sogar fast sechs Millionen Fachkräfte fehlen. Baden-württembergische Unternehmen suchen jetzt schon händeringend nach Mitarbeitern im so genannten Mint-Bereich (Mathematik, Informatik, Naturwissenschaften und Technik). Die Fachkräftelücke in diesem Berufsbereich hat sich inzwischen im Südwesten auf die Zahl 58 400 vergrößert. Das sind fast doppelt so viele wie vor fünf Jahren. Aber auch Hotellerie und Gastronomie sowie der Bau sind vom Arbeitskräftemangel stark betroffen. Allein 1309 Köche oder Köchinnen könnten mehr im Land beschäftigt werden, aber die Stellen bleiben unbesetzt.

Das Problem ist längst bekannt und führt zu Verlustraten. So gingen allein Baden-Württemberg im Jahr 2007 durch den Fachkräftemangel rund zwei Milliarden Euro an Umsatz verloren. »Wir sollten in Wirtschaft und Gesellschaft dafür werben, Zuwanderung als Chance zu begreifen, und Deutschland mit qualifizierten Beschäftigten aus dem In- und Ausland in die digitale Zukunft zu führen«, so Johannes Schmalzl, Geschäftsführer der Industrie- und Handelskammer (IHK) Region Stuttgart, für den Deutschland schon seit Langem ein Einwanderungsland ist.

Viele Lehrstellen können heutzutage schon nicht mehr besetzt werden, weil es an jungen Leuten fehlt. »Ringen um jeden Lehrling«, so lautete die Schlagzeile einer Ulmer Lokalzeitung. Ende September 2018 gab es bundesweit 57 700 unbesetzte Ausbildungsplätze, rund 18 Prozent mehr als im Vorjahr und fast 150 Prozent mehr als vor zwanzig Jahren. Allein im Handwerk können jedes Jahr zwischen 15 000 und 20 000 Ausbildungsplätze nicht besetzt werden. Die Handwerksbetriebe könnten zwischen 200 000 und 250 000 zusätzliche Handwerker beschäftigen, aber es herrscht seit Jahren Fachkräftemangel.

Im Südwesten waren 2018 rund 45 000 Stellen im Handwerk unbesetzt. Wer heute einen Handwerker sucht, muss lange Wartezeiten auf sich nehmen. Während die Zahl der deutschen Bewerber weiter abnimmt, steigt allerdings die Zahl der Bewerber, die als Flüchtlinge nach Deutschland gekommen sind. Im Ausbildungsjahr 2017/18 haben allein 14 000 Flüchtlinge, die als Ausbildungsstellenbewerber registriert waren, eine duale Berufsausbildung begonnen. Besonders dramatisch ist die Lage in der Pflege, wo in Baden-Württemberg allein 1200 Stellen für Pflegekräfte in den Kliniken nicht besetzt werden können. Die Gewerkschaft Verdi schätzt diese Zahl sogar auf 7000. Nach Berechnungen des Instituts der deutschen Wirtschaft braucht Deutschland im Jahr 2035 zwischen 130 000 und 150 000 mehr Altenpfleger als heute. Denn bis dahin wird die Zahl der Pflegebedürftigen um bis zu einem Drittel auf gut vier Millionen steigen. Überall fehlen schon die Leute, vom Kfz-Mechatroniker bis zum Kellner, oder beispielsweise auch 800 Busfahrer allein in Baden-Württemberg.

Deutlicher Bedarf an Nachwuchs

Gerade wegen der demografischen Entwicklung ist Zuwanderung geradezu als Glücksfall zu sehen. Freilich kann die Entwicklung zum »Altenheim Deutschland« gar nicht mehr rückgängig gemacht werden, denn man müsste praktisch nur noch Kinder einwandern lassen, was natürlich absurd ist. Man kann den Mangel an jungen Menschen durch Zuwanderung bestenfalls abfedern. Hinzukommen müssen Maßnahmen, die beispielsweise die Erwerbsquoten von Frauen steigern. Außerdem muss das Potenzial im Land insgesamt, auch bei den jungen Menschen mit Migrationshintergrund, viel stärker entwickelt werden.

Der demografische Wandel wird durch die Daten und Fakten deutlich: Bis 2050 wird sich der Anteil der Seniorinnen und Senioren in Deutschland auf 30 Prozent erhöhen. Der Anteil der Personen im so genannten Haupterwerbsalter (25 bis 65 Jahre) wird hingegen auf knapp 50 Prozent zurückgehen. Mit anderen Worten: Die Hälfte der Bevölkerung wird 2050 keine Sozialbeiträge zahlen. Um die Renten zu sichern – so ein Argument, mit dem man vielleicht so manchen von der Notwendigkeit der Zuwanderung überzeugen könnte –, brauchen wir Einwanderung.

Dabei geht es nicht nur um Hochqualifizierte, sondern auch um Arbeitskräfte insgesamt, denn spätestens wenn die geburtenstärksten Jahrgänge in etwa zehn Jahren aus dem Berufsleben ausscheiden, wird sich der Arbeitskräftemangel flächendeckend bemerkbar machen.

Immer mehr wird das Problem sichtbar, wenn Schwimmbäder oder Kindergärten geschlossen werden müssen, weil die Mitarbeiter fehlen. Ein aktuelles Beispiel aus Baden-Württemberg wirft ein Schlaglicht auf die Thematik: Der Personalengpass im Schienenverkehr soll durch ein Modellprojekt bekämpft werden, bei dem Flüchtlinge zu Lokführern ausbildet werden. Im Südwesten herrscht quasi Vollbeschäftigung, die Verkehrsunternehmen finden kein neues Personal, es fallen immer wieder Regionalzüge aus. Landesverkehrsminister Winfried Hermann von den Grünen will damit auch einen Beitrag zur Integration der Flüchtlinge leisten.

Die Zahlen aus Baden-Württemberg liegen im bundesweiten Trend, auch wenn das Land gerade durch die Zuwanderung bei der Bevölkerungszahl profitiert hat. Eine neue Berechnung des Statistischen Landesamtes aus dem Jahr 2019 belegt, wie die Einwohnerzahl in den vergangenen Jahren durch die starke Zuwanderung vor allem aus Südosteuropa und durch den starken Zustrom von Schutzsuchenden in den letzten Jahren angestiegen ist und im September 2017 erstmals seit Bestehen des Landes über elf Millionen erreichte. Dazu beigetragen hat auch die Geburtenhäufigkeit, die sich in den letzten Jahren deutlich erhöht hat, nachdem sie vier Jahrzehnte lang auf einem sehr niedrigen Niveau verharrte. Rein statistisch gesehen erreichte die Geburtenrate den seit Jahrzehnten höchsten Wert im Jahr 2016 mit 1,59 Kindern je Frau. Zurückzuführen ist das auch auf die starke Zuwanderung von Frauen aus Ländern, die eine deutlich höhere Geburtenhäufigkeit aufweisen. Das Statistische Landesamt bestätigt aber in seiner Prognose, dass der Alterungsprozess fortschreiten wird und dass auch eine stärkere Zuwanderung und eine gestiegene Geburtenrate den demografischen Wandel nicht aufhalten, sondern lediglich abmildern werden.

Weil auch künftig große Unsicherheiten besonders im Hinblick auf das Wanderungsgeschehen als die wichtigste Variante für die positive Bevölkerungsentwicklung bestehen, legen die Statistiker dazu verschiedene Modelle vor. Nach der so genannten »Hauptvariante« dieser Berechnung des Statistischen Landesamtes, wobei auch in den kommenden Jahren von einer relativ hohen Zuwanderung ausgegangen wird, könnte die Einwohnerzahl des Landes bis zum Jahr 2035 noch um rund 340 000 auf dann 11,37 Millionen Einwohner ansteigen. Anschließend ist mit einem Bevölkerungsrückgang zu rechnen, denn dann wird sich das bestehende Geburtendefizit – weniger Geburten als Sterbefälle – wegen der Altersstruktur der Bevölkerung stetig vergrößern. Dieses Defizit kann aller Voraussicht nach nicht mehr durch Zuwanderung ausgeglichen werden. Trotzdem könnte die Einwohnerzahl im Südwesten auch im Jahr 2060 nur knapp unter dem Niveau am Jahresende 2017 liegen.

Die Zu- und Fortzüge über die Landesgrenze bleiben der Unsicherheitsfaktor in all diesen Berechnungen. In der Vergangenheit haben sich Jahre mit Wanderungsgewinnen und Jahre, die von Wanderungsverlusten gekennzeichnet waren, abgelöst. Im Jahr 2015 lag der positive Wanderungssaldo bei rund 171 000 Personen, in den Jahren 2008 und 2009 dagegen nur bei 4000 beziehungsweise 3000 Personen. Im Jahr 2004 hatte Baden-Württemberg sogar eine negative Wanderungsbilanz gegenüber dem Ausland zu verzeichnen: Das Minus machte fast 2000 Personen aus. 2006 gab es wieder ein Minus in der Wanderungsstatistik von 1700 Personen.

So haben die Statistiker weitere Varianten ausgerechnet. Nach der so genannten »Unteren Variante«, die von einem deutlich geringeren Wanderungsgewinn ausgeht, würde der Bevölkerungsrückgang bereits im Jahr 2024 einsetzen. Im Jahr 2060 läge die Einwohnerzahl dann nur noch bei 10,53 Millionen und somit knapp eine halbe Million niedriger als Ende 2017 als Basis der Vorausberechnung.

Wenn man die Prognosen näher betrachtet, so ist realistischerweise von einer geringeren Zuwanderung auszugehen, denn die Zahlen sind in letzter Zeit stark zurückgegangen. Die Asylpolitik strebt eine weitere Begrenzung an, und das neue Fachkräfteeinwan-

derungsgesetz betrifft ohnehin nur einen beschränkten Personen-
kreis, der sich bundesweit verteilt. Woher sollen also die Leute
überhaupt kommen? Die Zuwanderung aus der Europäischen Union
lässt nach, weil der Einwanderungseffekt nach der Erweiterung
erschöpft ist und osteuropäische Länder unter denselben demografischen Problemen leiden, also auch schon Arbeitskräfte suchen.
Eine im Februar 2019 veröffentlichte Studie im Auftrag der Ber-
telsmann-Stiftung macht deutlich, dass ohne Zuwanderung und bei
konstanter Erwerbsbeteiligung das Erwerbspersonenpotenzial bis
zum Jahr 2060 auf 31 Millionen schrumpfen würde. Das würde einen
Rückgang von fast 16 Millionen Personen bedeuten. Selbst eine ex-
treme Steigerung der inländischen Erwerbsbeteiligung durch eine
Angleichung der Erwerbsquoten deutscher und ausländischer
Frauen und Männer und die Einführung der »Rente mit 70« würde
die Schrumpfung nur um rund ein Viertel abfedern. Die Studie
kommt zu dem Schluss, dass bis 2060 im Jahresdurchschnitt ein
Nettozuwanderungsbedarf – also Zuzüge minus Fortzüge – von
114 000 EU-Bürgern und ein solcher von 146 000 Personen aus Drittstaaten besteht. Woher diese dringend benötigten 260 000 Leute
kommen sollen, die unter dem Strich im Land bleiben, steht in den
Sternen. Die Studie rechnet insgesamt nur mit der Nettozuwan-
derung. Wie viele Migranten in Wirklichkeit zuwandern oder ab-
wandern müssten, um eine solche Zahl zu erreichen, lässt die
Untersuchung offen. In den nächsten vierzig Jahren müssten auf
jeden Fall sehr hohe Zuwanderungszahlen zu verzeichnen sein, mit
allen Integrationsproblemen und Diskussionen in der Bevölkerung,
wie wir sie schon bisher erlebt haben.

Eine zentrale Aufgabe für die Landes- und Bundespolitik ist es
deshalb, in der Bevölkerung ein Verständnis für Zuwanderung zu
wecken oder zu verstärken. Die Daten und Fakten müssen ins Bewusstsein gerückt werden, beispielsweise dass in manchen Jahren zwar
hohe Zuwanderungszahlen zu verzeichnen sind, aber auch Abwan-
derungszahlen. So kehrte beispielsweise 2017 jeder zweite Zuwanderer Deutschland wieder den Rücken, darunter »vor allem viele hoch
qualifizierte Fachkräfte. Eine vorausschauende Migrations- und
Integrationspolitik müsste dafür sorgen, dass sie dem Land erhalten
bleiben, weil sie hier dringend gebraucht werden. Gleichzeitig gilt

Begegnung und Dialog sind wichtig: Babou Sohna, 43-jähriger Flüchtling aus Gambia, schreibt im März 2016 in Schwäbisch Gmünd beim ersten kommunalen Flüchtlingsdialog zwischen Flüchtlingen und Bürgern in Baden-Württemberg Wünsche und Probleme auf weiße Tischdecken.

es zu vermitteln – und das ist wahrscheinlich die noch größere Herausforderung –, dass sich die Flüchtlingsbewegungen im Gegensatz zur Arbeitsmigration nicht steuern lassen. Solange Kriege, Bürgerkriege, Menschenrechtsverletzungen und viele weitere Fluchtursachen bestehen, werden auch Flüchtlinge aus diesen Krisenherden Baden-Württemberg erreichen. Das war völlig unvorhergesehen beispielsweise beim Bürgerkrieg in Jugoslawien Anfang der 1990er Jahre der Fall und wiederholte sich 2015/16 mit Syrien.

Die Statistiker untermauern, dass es bereits im Jahr 2000 in demografischer Hinsicht in Baden-Württemberg eine Zäsur gab: Zum ersten Mal seit Bestehen des Landes lebten etwas mehr Sechzigjährige und Ältere als unter Zwanzigjährige im Südwesten. Heutzutage zählen nur noch 19 Prozent zu den Jüngeren, aber schon 26 Prozent zu den Älteren. Nach Einschätzung des Statistischen Landesamtes wird dieser Unterschied zwischen Jung und Alt künftig noch erheblich größer werden. Der Anteil der unter Zwanzigjährigen an der Gesamtbevölkerung könnte sich bis zum Jahr 2060 auf dann rund 18 Prozent verringern. Dagegen dürfte der Bevölkerungsanteil der Sechzigjährigen und Älteren bis zum Jahr 2060 deutlich auf etwa 36 Prozent steigen. Die Älteren werden dann doppelt so stark wie die Jüngeren vertreten sein.

Von einem »überdurchschnittlichen Anstieg der Zahl hochbetagter Menschen« gehen die Statistiker auch im Südwesten aus. Immer mehr Frauen und Männer erreichen ein hohes Alter: Bis zum Jahr 2060 würde sich ihre Zahl im Vergleich zu heute sogar verdreifachen. Es gäbe dann nach dieser Berechnung über 800 000 Hochbetagte in Baden-Württemberg, Frauen und Männer, die 85 Jahre und älter sind, mit einem hohen Pflegerisiko. Wer diese Pflegebedürftigen versorgen soll, das ist eine große Frage an die Sozialpolitik im Land, aber auch für die Rentenversicherungssysteme. Immer mehr Rentenempfänger und immer weniger Einzahler in die Rentenkassen – eine Entwicklung, die bereits programmiert ist, weil »insbesondere nach 2020 die geburtenstarken Jahrgänge aus den 1960er Jahren in die Altersphase der Sechzigjährigen und Älteren ›hineinwachsen‹ werden«.

Schon seit der Gründung des Landes im Jahr 1952 bis 2017 ist das Durchschnittsalter der Bevölkerung um etwa neun Jahre gestiegen: von rund 35 Jahre auf etwas mehr als 43 Jahre. In dieser Zeit ist die durchschnittliche Lebenserwartung in Baden-Württemberg um rund 15 Jahre gestiegen. Diese eigentlich erfreuliche Entwicklung, aber auch der damit verbundene Alterungsprozess setzen sich in Zukunft fort, wenngleich die relativ hohe Zuwanderung die Alterung der Gesellschaft dämpft. Ohne Berücksichtigung der Zuwanderung wäre die Bevölkerung Baden-Württembergs im Jahr 2060 etwa 51 Jahre alt, so die Statistiker. Aus der Bevölkerungsprognose des Statistischen Landesamtes kann man als Fazit ziehen: Baden-Württemberg kann froh sein, dass es ein Magnet für Zuwanderer ist. In der Vergangenheit hat das Land von Zuwanderung profitiert – und auch jetzt und in der Zukunft stellt Einwanderung einen Gewinn dar, nicht nur was die Bevölkerungsentwicklung angeht.

Aufgabe für die Politik

Die Wirtschaft in Baden-Württemberg hat große Erwartungen an das neue Fachkräfteeinwanderungsgesetz. Das hatte sie aber auch schon 2001, als die Debatte um das Zuwanderungsgesetz begann, das schließlich 2005 beschlossen wurde, in der Praxis aber nicht den gewünschten Erfolg brachte. Insbesondere erwarten viele Unternehmer und andere Beobachter, dass zum Beispiel abgelehnte Asylbewerber in Deutschland bleiben dürfen, wenn sie gut integriert sind und einen festen Job oder eine Ausbildung haben. Die gesuchten Spezialisten und auch die Teilqualifizierten können sich weltweit ihre Angebote auswählen und bevorzugen oft englischsprachige Länder. Der weltweite Konkurrenzkampf um diese Fachkräfte ist heftig, und die bisherigen Erfahrungen zeigen, dass nicht unbedingt alle nach Deutschland wollen, auch wenn wirtschaftsstarke Ballungsgebiete in Südwestdeutschland gute Voraussetzungen bieten.

Johannes Schmalzl von der IHK erhofft sich vom neuen Gesetz »Transparenz, Vereinfachung und Entbürokratisierung«. Dies erscheint auch bitter notwendig, wie die Erfahrungen mit dem »Gesetz zur Steuerung und Begrenzung der Zuwanderung und zur Regelung des Aufenthalts und der Integration von Unionsbürgern und Ausländern (Zuwanderungsgesetz)« aus dem Jahr 2005 gezeigt haben. Statt der damals angestrebten Vereinfachung – es sollte nur noch zwei Aufenthaltsbestimmungen, eine befristete oder eine unbefristete Aufenthaltserlaubnis, geben – haben wir heute rund hundert verschiedene Aufenthaltstitel, die durch das neue Fachkräftezuwanderungsgesetz noch zunehmen werden.

Nicht von ungefähr appellierten die Spitzenverbände der Wirtschaft deshalb im Februar 2019 an den Gesetzgeber, das Fachkräfteeinwanderungsgesetz nicht zu »verwässern« oder »aufzuweichen«. Die Befürchtung, dass wieder bürokratische Hürden aufgebaut werden und dadurch nicht genügend heiß begehrte Fachkräfte ins Land geholt werden können, ist berechtigt. Manches wiederholt sich: Die IHK hat jetzt einen Arbeitskreis »Fachkräftesicherung« ins Leben gerufen. Solch ein Arbeitskreis bestand schon einmal im Jahr 1957, als ausländische Praktikanten zur Beseitigung des Fachkräftemangels angeworben wurden.

Probe für die Gesellschaft und ihre Werte

Das Schlagwort von der Willkommenskultur ist in den letzten Jahren entstanden und war zunächst für die qualifizierten Fachkräfte aus dem Ausland gedacht, die wir dringend brauchen. Eine solche positive Art des Umgangs mit Zuwanderern wurde allerdings schon in der »Gastarbeiterzeit« praktiziert. Zuvor war die vermeintlich entgegenkommende Aufnahme und rasche Integration der Heimatvertriebenen nach dem Zweiten Weltkrieg teilweise ein Mythos, weil deren Eingliederung viel schwieriger verlief, als es im Nachhinein verklärend dargestellt wird. Wichtig ist neben der Willkommenskultur auch eine Kultur der Anerkennung für die Leistungen der Einwanderer im Nachkriegsdeutschland, das sie mit aufgebaut haben.

Eine bisher einmalige Willkommenskultur erlebte Deutschland in den Jahren 2015/16, als die Zahl der Flüchtlinge stark anstieg. Jetzt gilt es, dieses Engagement der vielen ehrenamtlichen Helferinnen und Helfer aufrechtzuerhalten und zu fördern, auch durch eine dauerhafte professionelle Unterstützung und mit finanziellen Mitteln. Noch vor Kurzem waren sie »Helden«, jetzt werden sie teilweise von manchen Politikern kriminalisiert, weil sie angeblich Abschiebungen verhindern.

Viele Zuwanderer kommen mit einem sehr positiven Bild von Deutschland hierher. Auch diese Entsprechung zur Willkommenskultur gilt es zu schätzen, denn gerade bei Flüchtlingen kann sie durch monatelanges Warten und ohne viel Kontakt zu den Einheimischen in Enttäuschung umschlagen. Auf der anderen Seite könnte sich in der Bevölkerung eine ablehnende Haltung vor allem gegenüber Flüchtlingen wieder verstärken. Nicht nur Baden-Württemberg befindet sich jetzt an einem kritischen Punkt zwischen Willkommenskultur und steigender Fremdenfeindlichkeit. Dies ist eine Nagelprobe für unsere Gesellschaft, für unsere Werte, zu denen eine gelebte Willkommens- und Anerkennungskultur gehört. Dabei gilt es, die Daten und Fakten viel stärker in die Öffentlichkeit zu bringen und eine offene Diskussion über Integration und Zuwanderung – über die Zukunft des Landes – zu führen, ohne dabei die Probleme auszuklammern.

Alles in allem ist die Zuwanderung ins südwestliche Deutschland eine Erfolgsgeschichte, von der beide Seiten profitiert haben. Geflüchtete fanden Schutz vor Verfolgung, Einwandernde bessere Beschäftigungsmöglichkeiten und Lebensperspektiven, viele fanden eine neue Heimat in Baden-Württemberg. Der Südwesten hat großartige Integrationsleistungen vollbracht, auf denen man mit Ruhe und Gelassenheit aufbauen kann. Mit Stolz können die Menschen in Baden-Württemberg sagen: »Wir haben das schon öfter geschafft!«

Begegnung und Miteinander

Im Lauf der Jahrzehnte hat sich in die »Ausländerdebatte« eine Sprache eingeschlichen, die Vorurteile und Ablehnung verstärkt. So wurde beispielsweise der Ausdruck »Anti-Abschiebe-Industrie« zum Unwort des Jahres 2018 erklärt. Um ein historisches Beispiel anzuführen: Wolfgang Bodenbender, der zuständige Entscheidungsträger für Ausländerpolitik im Bundesarbeitsministerium, warnte 1982 angesichts der Probleme der zweiten Ausländergeneration vor »sozialem Zündstoff mit Zeitzünder«. Dabei geht es nicht um »Zündstoff«, sondern um junge Menschen und um soziale, gesamtgesellschaftliche Probleme, die es zu lösen gilt. Vielleicht unüberlegte, aber problematische und oft vergiftete Aussagen kamen aus verschiedenen Parteien. Der damalige baden-württembergische Innenminister Dietmar Schlee (CDU) wies in einer Pressemitteilung vom 1. Oktober 1987 darauf hin, dass »die Gefahr einer weiteren Ausbreitung der Immunschwächekrankheit Aids« zu »Konsequenzen im Bereich des Ausländer- und Asylrechts zwinge«. Hessens Ministerpräsident Holger Börner (SPD) hatte schon 1981 gesagt: »Es kommt, solange ich in Hessen politisch etwas zu sagen habe, kein Türke mehr ins Land.« Warnungen vor einer »Asylantenflut« oder »Ausländerschwemme« haben also eine lange Tradition, wobei die Sprache im ausländerpolitischen Diskurs in den letzten Jahren, insbesondere durch die AfD, noch stärker verroht ist. Besonders problematisch war und ist, wenn demokratische Parteien Parolen wie »Einwanderung in die Sozialsysteme« übernehmen und versuchen, mit populistischen Aussagen Rechtsradikalen das Wasser abzugraben, diese aber dadurch eher stärken.

Um Vorurteile abzubauen, sind Begegnungen auf Augenhöhe zwischen Eingewanderten und Einheimischen besonders wichtig.

Im Sommer 2001 fand das erste Sommerfestival der Kulturen statt. Daraus hat sich eine Erfolgsgeschichte entwickelt, die bundesweit ihresgleichen sucht. Sechs Tage lang wird in Stuttgart getanzt, gefeiert und geschlemmt. Stars der internationalen Weltmusikszene begeistern mit mitreißenden Konzerten und das bei freiem Eintritt. Für kulinarische Köstlichkeiten aus aller Welt und ein reiches Kulturprogramm sorgen die Stuttgarter Migrantenvereine. Das Festival, das vom Forum der Kulturen veranstaltet wird, ist nicht nur ein kultureller Höhepunkt im Veranstaltungskalender der Stadt – es ist auch ein nachdrückliches und positives Signal gegen Rassismus und Ausgrenzung jeglicher Art.

Denn gerade dort, wo es die wenigsten Zuwanderer und damit am wenigsten Kontakte gibt, ist die Fremdenfeindlichkeit besonders groß, wie 2019 erneut eine Studie des Leibniz-Zentrums für Europäische Wirtschaftsforschung in Mannheim (ZEW) belegte. Aber auch in Baden-Württemberg sollten Begegnungen zwischen Einheimischen und Zugewanderten verstärkt und gefördert werden. Das »Forum der Kulturen« Stuttgart hat beispielsweise erfolgreich landesweit »Dialogforen Menschen auf der Flucht« ins Leben gerufen. Dabei erzählen Menschen, die Flucht und Verfolgung erfahren haben und ihre angestammte Heimat verlassen mussten, von ihrem Schicksal. Es entsteht ein Gespräch zwischen Einheimischen und Zugewanderten, zu dem es viel öfter kommen sollte.

Baden-Württemberg – Deutschland insgesamt – war auf einem guten Integrationskurs, bevor die so genannte »Flüchtlingskrise« 2015 scheinbar überraschend eintrat und der Eindruck entstand, das Land würde »überrannt« und die Grenzen seien nicht mehr unter Kontrolle. Dabei wurden sehr rasch Maßnahmen zur Abschottung Europas insgesamt umgesetzt und die Flüchtlingspolitik verschärft. Nachdem jetzt die Zahlen der Flüchtlinge zurückgegangen sind, wäre es wünschenswert, dass wieder Ruhe und Vernunft einkehren und an die Integrationspolitik vor 2015 angeknüpft wird.

Baden-Württemberg hat in der Vergangenheit eine nicht zu unterschätzende Rolle in der »Ausländerpolitik« gespielt und bundesweit – nicht nur über den Bundesrat – Einfluss genommen. Mit dem Integrationsministerium – dem bisher einzigen seiner Art in Deutschland – hat es ein bundesweites Signal gesetzt, wenn auch die Neuerung sehr bald wieder abgeschafft wurde. Die Schulen mit der Kernaufgabe der Integration der Kinder und Jugendlichen liegen in der Zuständigkeit des Landes. Darüber hinaus bestehen Spielräume beispielsweise bei den aufenthaltsrechtlichen Bestimmungen. Baden-Württemberg hat früher diesen Bereich eher restriktiv gehandhabt.

Integrationserfolge – auch im schulischen Bereich – kann das Land durchaus vorweisen, viele Probleme sind aber weiterhin ungelöst. Zuwanderung und Integration werden eine Daueraufgabe für das Land sein, bei allen parteipolitischen Auseinandersetzungen und möglichen Regierungskoalitionen. Die Herausforderung durch Rechtspopulisten sollten die demokratischen Parteien annehmen und ihr offensiv mit Argumenten begegnen. Daten und Fakten müssen dabei in den Mittelpunkt gerückt werden, gerade auch in den so genannten sozialen Medien.

Auch wenn Zuwanderung zweifelsohne Probleme mit sich bringt, bedeutet sie in aller Regel eine ökonomische, politische, soziale und kulturelle Bereicherung. Aus der Aus- und Einwanderungsgeschichte Südwestdeutschlands lässt sich ablesen, dass Integration ihre Zeit braucht und nicht erzwungen werden kann. Die historischen Beispiele zeigen, dass es mindestens eine, wenn nicht zwei oder drei Generationen dauert, bis sich Migranten integriert haben. Außerdem wird deutlich, wie sehr sich die Debatten in der Migrationspolitik wiederholen.

Das Beispiel des »Einwanderungslandes Baden-Württemberg« macht deutlich, wie differenziert und vielschichtig das Migrationsgeschehen in Vergangenheit und Gegenwart ist. Es geht nicht um »die Ausländer« oder »die Migranten«. Die bunte Vielfalt spiegelt sich im Land und seinen Menschen wider und muss in der Debatte um die Einwanderungs- und Integrationspolitik viel mehr zum Ausdruck kommen.

DANK

Seit vielen Jahren beschäftigen wir uns wissenschaftlich und publizistisch mit Themen und Fragen in den Bereichen Migration und Integration. Dabei sind zahlreiche Bücher und Aufsätze, Medienberichte und Reportagen, universitäre Seminare und Veranstaltungen der politischen Bildung entstanden, vor allem aber fast zahllose Gespräche mit Migrantinnen und Migranten von der ersten »Gastarbeiter«-Generation bis hin zu aktuell nach Deutschland geflüchteten Menschen. Ihnen allen gilt unser erster Dank, denn ihre Geschichten, Erfahrungen und Bilder sind an vielen Stellen in dieses Buch eingeflossen. Ohne ihre tatkräftige Unterstützung wäre das Buch nicht das geworden, was es sein soll: ein Beitrag zur Kultur der Erinnerung an die Millionen von Zuwanderern, die Baden-Württemberg mit aufgebaut und geprägt haben – und die dieses Land zu einem attraktiven Lebensort machen. Einen großen Teil seiner Stärke bezieht der Südwesten aus dem friedlichen und respektvollen Zusammenleben seiner Menschen höchst bunter und unterschiedlicher Herkunft. Diese kulturelle Vielfalt ist einer der Reichtümer des Landes.

Darüber hinaus danken wir herzlich den vielen Zeitzeugen wie Hans-Jörg Eckardt sowie den Informations- und Bildgebern, die dazu beigetragen haben, dass dieses Buch ein sowohl inhaltlich buntes als auch reich bebildertes wurde – und das mit Fotos und Dokumenten, von denen viele bislang unveröffentlicht waren. Für die Beschaffung des Datenmaterials danken wir vor allem dem Statistischen Landesamt Baden-Württemberg, namentlich Werner Brachat-Schwarz und seinen Kolleginnen und Kollegen. Das Buch schließt mit dem Informationsstand vom März 2019.

Karl-Heinz Meier-Braun und Reinhold Weber

LITERATURTIPPS

Dieses Buch stützt sich auf zahlreiche Einzeluntersuchungen und Forschungen anderer Wissenschaftlerinnen und Wissenschaftler, deren Publikationen hier nicht im Einzelnen ausgewiesen werden können. Die folgenden Literatur- und Internetangaben sind ohne den Anspruch auf Vollständigkeit und eher als Tipps zur weiteren Lektüre zu verstehen.

Bade, Klaus J./Emmer, Pieter C./Lucassen, Leo/Oltmer, Jochen: Enzyklopädie Migration in Europa. Vom 17. Jahrhundert bis zur Gegenwart, 3. Auflage, Paderborn 2010.

Bade, Klaus J.: Migration – Flucht – Integration. Kritische Politikbegleitung von der »Gastarbeiterfrage« bis zur »Flüchtlingskrise«. Erinnerungen und Beiträge, Karlsruhe 2017.

Beer, Mathias (Hrsg.): Baden-Württemberg – eine Zuwanderungsgeschichte, Stuttgart 2014.

Beer, Mathias: Flucht und Vertreibung der Deutschen. Voraussetzungen, Verlauf, Folgen, München 2011.

Blümling, Katharina: »Heimat bleibt immer im Kopf«. Ravensburger Gastarbeiter erzählen, Konstanz 2018.

Di Groce, Bernardino (Hrsg.): Das Land, das nicht unser Land war. Erzählungen, Erlebnisse, Erfahrungen aus 50 Jahren Migration nach Deutschland, Karlsruhe 2006.

Heckmann, Friedrich: Integration von Migranten. Einwanderung und neue Nationenbildung, Heidelberg 2015.

Hoerder, Dirk: Geschichte der deutschen Migration. Vom Mittelalter bis heute, München 2010.

Hunn, Karin: »Nächstes Jahr kehren wir zurück.« Die Geschichte der türkischen »Gastarbeiter« in der Bundesrepublik, Göttingen 2005.

Ihr und wir. Integration der Heimatvertriebenen in Baden-Württemberg, hrsg. vom Haus der Geschichte Baden-Württemberg, Stuttgart 2009.

Landesinstitut für Schulentwicklung/Statistisches Landesamt: Bildungsberichterstattung 2017. Migration und Bildung in Baden-Württemberg, Stuttgart 2017.

Lemanczyk, Iris/Forch, Andreas: Weltreise am Küchentisch. Stuttgarter Einwanderer kochen, Tübingen 2019.

Maier, Ulrich: »Fremd bin ich eingezogen …« Zuwanderung und Auswanderung in Baden-Württemberg, Gerlingen 2002.

Meier-Braun, Karl-Heinz/Kilgus, Martin A./Niess, Wolfgang (Hrsg.): 40 Jahre »Gastarbeiter«. Deutschland auf dem Weg zur »multikulturellen Gesellschaft«? Der Schreibwettbewerb des Süddeutschen Rundfunks, Tübingen 1998.

Meier-Braun, Karl-Heinz/Weber, Reinhold (Hrsg.): Kulturelle Vielfalt. Baden-Württemberg als Einwanderungsland, Stuttgart 2005.

Meier-Braun, Karl-Heinz/Frech, Siegfried (Hrsg.): Die offene Gesellschaft – Zuwanderung und Integration, Schwalbach/Ts. 2005.

Meier-Braun, Karl-Heinz/Weber, Reinhold (Hrsg.): Deutschland Einwanderungsland. Begriffe – Fakten – Kontroversen, 3. Auflage, Stuttgart 2017.

Meier-Braun, Karl-Heinz/Weber, Reinhold: Kleine Geschichte der Ein- und Auswanderung in Baden-Württemberg, Leinfelden-Echterdingen 2009.

Meier-Braun, Karl-Heinz/Pazarkaya, Yüksel (Hrsg.): Die Türken. Berichte und Informationen zum besseren Verständnis der Türken in Deutschland, Berlin 1983.

Meier-Braun, Karl-Heinz: »Gastarbeiter« oder Einwanderer? Anmerkungen zur Ausländerpolitik in der Bundesrepublik Deutschland, Berlin 1980.

Meier-Braun, Karl-Heinz: Ausländerpolitik in den 1970er-Jahren: »freiwillige Rotation« und »Rückkehrprinzip«, in: Philipp Gassert/Reinhold Weber (Hrsg.): Filbinger, Wyhl und die RAF. Die Siebzigerjahre in Baden-Württemberg, Stuttgart 2015, S. 199–215.

Meier-Braun, Karl-Heinz: Das Asylanten-Problem – Ein Grundrecht in der Bewährungsprobe, Berlin 1981.

Meier-Braun, Karl-Heinz: Einwanderung Asyl. Die 101 wichtigsten Fragen, 3. Auflage, München 2017.

Meier-Braun, Karl-Heinz: Freiwillige Rotation – Ausländerpolitik am Beispiel der baden-württembergischen Landesregierung, München 1979.

Meier-Braun, Karl-Heinz: Integration oder Rückkehr? Zur Ausländerpolitik des Bundes und der Länder, insbesondere Baden-Württembergs, Mainz/München 1988.

Meier-Braun, Karl-Heinz: Schwaben schaffen das! Integrationsleistungen seit 1945, in: Die Schwaben. Zwischen Mythos und Marke, Stuttgart 2016, S. 350–355.

Meier-Braun, Karl-Heinz: Schwarzbuch Migration. Die dunkle Seite unserer Flüchtlingspolitik, München 2018.

Oberndörfer, Dieter: Zuwanderung und Integration im demokratischen Verfassungsstaat, in: Karl-Heinz Meier-Braun/Reinhold Weber (Hrsg.): Deutschland Einwanderungsland. Begriffe – Fakten – Kontroversen, 3. Auflage, Stuttgart 2017, S. 78 ff.

Oltmer, Jochen/Kreienbrink, Axel/Sanz Díaz, Carlos (Hrsg.): Das »Gastarbeiter«-System. Arbeitsmigration und ihre Folgen in der Bundesrepublik Deutschland und Westeuropa, München 2012.

Oltmer, Jochen: Globale Migration. Geschichte und Gegenwart, München 2012.

Oltmer, Jochen: Migration im 19. und 20. Jahrhundert, München 2010.

Plamper, Jan: Das neue Wir. Warum Migration dazugehört. Eine andere Geschichte der Deutschen, Frankfurt am Main 2019.

Schunka, Alexander: Die Hugenotten. Geschichte, Religion, Kultur, München 2019.

Statistisches Landesamt Baden-Württemberg: Statistisches Monatsheft April 2019 (Bevölkerungsvorausrechnung für Baden-Württemberg).

Sternberg, Jan Philipp: Auswanderungsland Bundesrepublik. Denkmuster und Debatten in Politik und Medien 1945–2010, Paderborn 2012.

Stützle, Ruth/Ruggaber, Jürgen: Lichtspiele Mössingen. Vom Lebenstraum einer Familie, Tübingen 2002.

Treibel, Annette: Integriert Euch! Plädoyer für ein selbstbewusstes Einwanderungsland, Frankfurt am Main 2015.

Weber, Reinhold/Steinbach, Peter/Wehling, Hans-Georg (Hrsg.): Baden-württembergische Erinnerungsorte, Stuttgart 2012 (darin vor allem die Beiträge von Kurt Hochstuhl zur Auswanderung, von Mathias Beer zu den Donauschwaben und zur Charta der deutschen Heimatvertriebenen sowie von Karl-Heinz Meier-Braun zum Einwanderungsland Baden-Württemberg).

Weber, Reinhold: Menschen in Bewegung: Vom Auswanderungsland zum De-facto-Einwanderungsland, in: Peter Steinbach/Reinhold Weber (Hrsg.): Wege in die Moderne. Eine Vorgeschichte der Gegenwart im deutschen Südwesten, Stuttgart 2014, S. 257–291.

Internet

www.gesellschaftsmonitoring-bw.de

www.sozialministerium-bw.de

www.im.baden-wuerttemberg.de

www.lpb-bw.de

www.dgvn-bw.de

www.statistik-bw.de

www.bamf.de

www.mediendienst-integration.de

www.proasyl.de

www.iom.int

www.svr-migration.de

www.rat-fuer-migration.de

www.bpd.de

www.unhcr.de

www.destatis.de

www.swp-berlin.org

www.migazin.de

Bildnachweis

Archiv Foto Eppler, Stuttgart: S. 95

Archiv Silberburg-Verlag: S. 83

Bundesarchiv, Plak 006-029-008/Grafiker: Hachfeld: S. 131

Bernadino Di Croce: S. 86

Der Spiegel: S. 107

Deutsche Fotothek Dresden, Germany – www.deutschefotothek.de: S. 110

Dokumentationszentrum Oberer Kuhberg e. V., Ulm/Nachlass R. Brenner: S. 58

dpa: S. 13, 17, 47, 76, 169, 175

Haus der Geschichte Baden-Württemberg/Sammlung Kilian: S. 101

Haus der Geschichte Baden-Württemberg/Sammlung Scherer: S. 61

Haus der Stadtgeschichte – Stadtarchiv Ulm: S. 81

Michael Haussmann: S. 180/181

Heinrich-Böll-Stiftung/Foto: Stephan Röhl, Lizenz CC-BY-SA 2.0: S. 140

ifa Akademie gGmbH Stuttgart/Foto: Luca Siermann: S. 167

Andreas Kaier, Esslingen: S. 127

Kreisarchiv Sigmaringen: S. 72

Landtag von Baden-Württemberg: S. 143

LMZ Baden-Württemberg: S. 51, 53, 54, 63, 78, 91, 106, 147

Margita Manz: S. 151

MARCHIVUM Mannheim/Foto: Keese, Steiger: S. 28

MARCHIVUM Mannheim, PK12172: S. 160

Don McMahon, Smithville: S. 67

Museum im Ritterhaus/Stadtarchiv Offenburg: S. 45

Pressereferat Stadt Fellbach: S. 114

privat: S. 125, 157

Privatarchiv José Oliver: S. 116

Fabian Schäfer: S. 169

Staatsarchiv Freiburg/Sammlung Willy Pragher: S. 42

Staatsarchiv Wertheim/Foto: Heinz Finke: S. 39

Stadtarchiv Karlsruhe/Bildarchiv Schlesiger: S. 23, 31, 98, 113, 162

Stadtarchiv Ravensburg: S. 71, 85

Stadtarchiv Stuttgart: S. 36

StadtMuseum Fellbach: S. 120, 121

Wikipedia/Hubert Berberich, Lizenz CC-BY-SA 2.0: S. 137

Die Autoren

Prof. Dr. Karl-Heinz Meier-Braun, geboren 1950, Migrationsexperte und Autor zahlreicher Bücher, verknüpft Praxis und Theorie: Er gründete die Fachredaktion SWR International, war Integrationsbeauftragter des Südwestrundfunks und ist Honorarprofessor an der Universität Tübingen. Als Mitglied im Bundesvorstand und Landesvorsitzender engagiert er sich in der Deutschen Gesellschaft für die Vereinten Nationen (DGVN). Er ist Mitglied im Rat für Migration (RfM). Seine letzten beiden Bücher sind im C.H. Beck Verlag erschienen: der Bestseller »Die 101 wichtigsten Fragen: Einwanderung und Asyl« sowie das »Schwarzbuch Migration. Die dunkle Seite unserer Flüchtlingspolitik«.

Prof. Dr. Reinhold Weber, geboren 1969, ist Zeithistoriker und Abteilungsleiter bei der Landeszentrale für politische Bildung Baden-Württemberg. Er lehrt Zeitgeschichte an der Universität Tübingen und ist Mitglied im Rat für Migration sowie in der Kommission für geschichtliche Landeskunde in Baden-Württemberg. Er hat zahlreiche Publikationen zur Landesgeschichte und zur Migrationsgeschichte des deutschen Südwestens vorgelegt.

1. Auflage 2019

© 2019 by Silberburg-Verlag GmbH,
Schweickhardtstraße 5a, D-72072 Tübingen.
Alle Rechte vorbehalten.
Umschlaggestaltung: nalbach typografik, Mannheim.
Lektorat: Matthias Kunstmann, Karlsruhe.
Printed in Slovenia by Florjancic.

ISBN 978-3-8425-2201-5

Besuchen Sie uns im Internet und entdecken Sie
die Vielfalt unseres Verlagsprogramms:
www.silberburg.de

Ihre Meinung ist wichtig für unsere weitere
Verlagsarbeit. Senden Sie uns Ihre Kritik und
Anregungen an: meinung@silberburg.de